LES

TRAVAUX PUBLICS

DE LA FRANCE

TOME DEUXIÈME : CHEMINS DE FER

LES

TRAVAUX PUBLICS

DE LA FRANCE

ROUTES ET PONTS — CHEMINS DE FER — RIVIÈRES ET CANAUX
PORTS DE MER — PHARES ET BALISES

PAR

MM. F. LUCAS ET V. FOURNIÉ — ED. COLLIGNON — H. DE LAGRENÉ
VOISIN BEY — E. ALLARD

OUVRAGE PUBLIÉ SOUS LES AUSPICES

DU MINISTÈRE DES TRAVAUX PUBLICS

ET SOUS LA DIRECTION DE

M. LÉONCE REYNAUD
Inspecteur général des Ponts et Chaussées

TOME DEUXIÈME : CHEMINS DE FER

PAR

ÉDOUARD COLLIGNON
Ingénieur en Chef des Ponts et Chaussées

AVEC 50 PLANCHES PHOTOTYPÉES, 57 GRAVURES ET UNE CARTE EN CHROMOLITHOGRAPHIE

PARIS
J. ROTHSCHILD, ÉDITEUR
13, RUE DES SAINTS-PÈRES, 13

M DCCC LXXXIII

CLASSEMENT DU TEXTE ET DES PLANCHES

TEXTE : Faux titre et titre; feuilles 1 à 17.

PLANCHES : 1 à 50 à classer d'après l'explication des planches (voir texte page 61); — *Carte des Chemins de fer.*

LES CHEMINS DE FER

INTRODUCTION

L'idée des voies ferrées est sans doute très-ancienne; on n'en connaît pas l'inventeur, mais, assurément, il n'a pu prévoir l'immense développement que l'avenir réservait à sa découverte.

Quand une voiture parcourt un chemin, les roues impriment une trace sur la chaussée, trace légère, si la voiture est peu pesante, trace plus profonde, si elle est lourdement chargée. Une seconde voiture, une troisième, une quatrième... viennent-elles à reprendre le même sillon, la chaussée ne tarde pas à être coupée dans sa longueur. Au lieu d'une surface continue, la route présente bientôt deux ornières de profondeurs inégales, qui imposent une gêne aux voitures, ou qui même créent pour elles un véritable danger. Tel est encore aujourd'hui l'état habituel de bon nombre de chemins ruraux, entretenus avec une parcimonie mal entendue. Qu'y a-t-il à faire pour corriger un pareil défaut? Il n'y a qu'à remplir les ornières avec des matériaux résistants. Le chemin de fer est contenu en germe dans ce modeste travail d'entretien.

La chaussée parfaite serait celle où la surface de roulement aurait en tous ses points une égale rigidité, et où les voitures pourraient en parcourir indistinctement toute la largeur. On cherche bien à réaliser cet idéal; mais l'instinct routinier des chevaux, qui suivent de préférence les traces de ceux qui les ont précédés sur une route, déjoue souvent, à cet égard, les précautions de l'ingénieur. Quoi qu'on fasse, l'usure se localise sur certaines lignes; l'entretien doit s'y localiser aussi. On est conduit de cette manière à réserver des matériaux de choix pour les régions destinées au passage des roues; de là ces belles voies dallées, dont les rues de Milan nous offrent un exemple remarquable. Au lieu de pierres, matériaux qui s'usent et se creusent encore trop vite sous le passage réitéré de lourds fardeaux, employons un métal : nous pourrons réduire encore la largeur affectée au roulement; nous obtiendrons ainsi le *rail*, et le chemin de fer sera constitué dans ses éléments essentiels.

Cet aménagement de la route présente un double avantage. En même temps qu'il économise l'entretien en rendant les parties utiles de la voie plus solides et plus durables, il diminue notablement l'effort à exercer par le moteur. Or, la diminution de cet effort est, à proprement parler, le seul objet du perfectionnement des moyens de transport. C'est pour l'obtenir qu'on a substitué au traîneau la voiture montée sur essieux. Le bénéfice qu'on réalise ainsi est d'autant plus grand qu'on durcit davantage la surface sur laquelle les roues doivent porter, car la déformation de cette surface donne, pour ainsi dire, la mesure du travail inutile à la progression que le moteur est forcé d'accomplir. Lorsqu'au lieu de rouler à la surface du sol les roues y pénètrent profondément, la résistance devient énorme, et la voiture montée sur essieux perd sa supériorité. Aussi, par une neige épaisse, le traîneau, qui enfonce peu, reprend-il ses avantages, et reste-il dans les contrées du Nord le type du véhicule d'hiver. L'été, sur des chemins secs, la comparaison redevient favorable à la voiture. Quant au chemin de fer, il conserve le premier rang en toute saison et sous toutes les latitudes.

La résistance que l'on doit vaincre pour effectuer un transport par voiture peut généralement se décomposer en plusieurs parties; elle comprend :

1° La *résistance au roulement,* qui se développe au contact des roues et de la surface sur laquelle elles portent;

2° La *résistance au glissement,* qui s'exerce au contact des roues et des fusées des essieux;

3° La *pesanteur,* qui peut être une force mouvante, lorsque le parcours se fait en descendant, mais qui devient une résistance dès qu'il s'agit de gravir une rampe;

4° Enfin la *résistance de l'air,* qui ne devient sensible que dans les grandes vitesses. Nous laissons de côté l'action irrégulière du vent, qui peut dans certains cas favoriser, dans d'autres cas contrarier le trajet qu'on se propose d'accomplir. Si, par un artifice quelconque, nous réduisons quelques-unes de ces diverses résistances, nous aurons besoin d'un moindre effort pour transporter un poids égal, ou bien avec un effort égal nous transporterons un poids plus considérable. A chaque diminution des résistances correspond un accroissement relatif de la puissance motrice. Voulons-nous augmenter la vitesse du trajet? Cette augmentation, au delà d'une certaine limite, entraîne un accroissement de la résistance de l'air; puisqu'une des résistances augmente, il importe d'autant plus de réduire les autres, sans quoi la résistance totale pourrait surpasser le maximum de l'effort que le moteur est capable de développer d'une manière continue. Le chemin de fer satisfait à toutes les conditions d'un programme aussi complexe. La rigidité du rail abaisse à sa moindre valeur la résistance au roulement; un graissage très-soigné diminue le frottement des fusées des essieux; enfin le tracé du chemin, que nous supposons fait avec intelligence, ménage les inclinaisons de la voie, et les ramène à la plus basse limite commandée par les accidents topographiques du pays qu'elle traverse. Chaque détail contribue ainsi pour sa part à la supériorité de l'ensemble. Mais quelle qu'en soit l'importance, ce ne sont pas ces réductions des résistances qui constituent le vrai perfectionnement des chemins de fer. L'invention capitale en cette matière est celle du moteur : la *locomotive* a permis d'accroître les vitesses et de décupler la puissance des transports, et a révélé dans les voies ferrées des qualités merveilleuses, qui sans elle eussent toujours passé inaperçues.

Avant cette dernière phase de l'invention, phase toute moderne, le chemin de fer, dans les conditions restreintes où il était employé, rendait déjà d'excellents services. C'est dans les mines qu'on en fit d'abord l'expérience. On posait un petit chemin de fer dans les galeries d'exploitation. Les wagons, poussés à bras d'homme ou traînés par des chevaux jusqu'aux lieux d'extraction, étaient remplis de charbon ou de minerai; leur chargement, ramené à l'origine de la galerie, était repris par le câble d'une machine et amené au haut du puits. Il fallait ensuite transporter les produits de la mine au port d'embarquement, car les communications lointaines se faisaient alors presque exclusivement par eau; ce trajet était encore effectué sur rails, solution d'autant mieux justifiée que les wagons chargés ayant toujours à descendre et les wagons vides à monter, la pesanteur peut servir de puissance motrice; un câble, passant sur une poulie en haut du plan incliné, réunit le convoi montant au convoi descendant, et les wagons pleins font, par leur excès de poids, remonter les wagons vides.

L'exploitation des forêts en pays de montagne est, à certains égards, dans les mêmes conditions. La pesanteur peut suffire aux premiers transports. Les pentes sont, en général, assez considérables pour qu'il y ait lieu de chercher des moyens, non pas d'accélérer, mais de ralentir la descente. Dans les forêts des Vosges, on se sert, à cet effet, de traverses de bois non équarries, dont on barre le chemin à distances égales, et qui figurent comme les marches d'un escalier; tels sont les chemins des *Schlitt,* le long desquels on fait glisser des traîneaux chargés de bois. Les traverses offrent aux pieds du conducteur le point d'appui nécessaire pour diriger le traîneau et pour modérer le mouvement.

Sur les voies ferrées horizontales, deux chevaux peuvent traîner un grand nombre de personnes, ce qu'on peut observer dans les tramways des villes. La vitesse du transport ne peut dépasser, ni même atteindre, la limite de la vitesse d'un cheval.

Un procédé de traction, préconisé à une certaine époque, pour faire gravir aux trains les rampes très-inclinées, consistait à employer des machines fixes. De même que, dans les mines, c'est à l'aide d'une machine d'extraction qu'on élève les *bennes* du fond des puits à la surface du sol, de même une machine fixe, enroulant sur une bobine le câble auquel un train est attaché, le prendra à la base du plan incliné et le fera monter jusqu'au sommet. Le câble suit l'inclinaison du plan, et la tension qui s'y développe fait équilibre seulement à une composante du poids du train, au lieu du poids entier qu'il aurait à soutenir si l'ascension était rigoureusement verticale. On a renoncé à peu près partout à ce système, qui a le grave inconvénient d'utiliser seulement une fraction de plus en plus petite de l'effort développé par le moteur, à mesure qu'on augmente la distance à laquelle cet effort doit être transmis. Mais laissons là ces divers essais, et venons à la locomotive, dont l'invention, il y a une quarantaine d'années, ouvrit aux chemins de fer des horizons si étendus.

C'est sur les chemins houillers du district de Newcastle que la substitution des locomotives aux chevaux pour la traction des wagons paraît avoir été tentée pour la première fois. La vitesse restait toujours celle d'un cheval, et les essais n'avaient pas réussi d'une manière assez éclatante, pour qu'en 1829, les opinions ne fussent encore très-partagées au sujet de la supériorité relative des divers moteurs dans leur application aux voies ferrées. On achevait alors la construction du chemin de fer de Manchester à Liverpool; l'administration de ce chemin hésitait depuis longtemps entre la traction par chevaux, l'emploi d'un câble avec machines fixes, ou la traction par machines locomotives; elle se décida enfin pour cette dernière solution, qui était la plus nouvelle. Seulement, dans l'ignorance absolue où l'on était relativement aux propriétés de ces sortes de machines, on mit la question au concours entre les divers constructeurs. Le *concours de Manchester*, ouvert le 1er octobre 1829, marque une date importante dans l'histoire des chemins de fer. Les principales conditions imposées aux locomotives étaient les suivantes :

1° Leur poids était limité à 6 tonnes anglaises;

2° La hauteur de la cheminée ne devait pas dépasser 15 pieds anglais au-dessus du plan de la voie;

3° La machine devait être assez puissante pour traîner, outre ses approvisionnements en eau et en charbon, un convoi de 20 tonnes avec une vitesse d'au moins 10 milles anglais à l'heure;

4° Elle ne devait pas coûter plus de 500 livres sterling.

D'autres conditions fixaient une limite à la pression de la vapeur dans la chaudière, et prescrivaient diverses autres mesures de sûreté; parmi les conditions imposées à la locomotive de 1829, il en est une qu'on a reproduite depuis dans presque tous les cahiers des charges, bien qu'elle reste toujours à l'état de desideratum dans la pratique de l'exploitation : *la machine devait brûler sa fumée.*

Des cinq machines présentées au concours de Manchester, deux furent retirées avant les essais; parmi les trois autres, deux, la *Sans-Pareille* et la *Nouveauté*, subirent, dès les premiers instants, diverses avaries qui les mirent hors de service. La cinquième resta seule : c'était la *Fusée* (the Rocket) du célèbre Robert Stephenson; elle remplit toutes les conditions du programme, et même atteignit en marche des vitesses supérieures aux limites fixées dans le programme. Elle ne pesait que quatre tonnes. Attelée à un train de 12 tonnes, la *Fusée* marcha à la vitesse de 14 milles; sans charge, elle dépassa la vitesse de 18 milles. Le type était créé : la locomotive moderne dérive de la *Fusée* de Stephenson, par une simple augmentation du poids et du volume, et par le perfectionnement des diverses parties du mécanisme.

Le secret des grandes vitesses ainsi réalisées par Stephenson était tout entier dans l'application à la locomotive d'une invention française, due à Marc Séguin, celle des *chaudières tubulaires;* elle remonte à 1828. Pour marcher très-vite, une machine doit dépenser beaucoup de vapeur dans un temps donné; il est indispensable à l'entretien du mouvement que la chaudière régénère dans ce même temps une quantité de vapeur égale à celle que la machine écoule par ses cylindres; autrement la chaudière irait s'appauvrissant, et elle manquerait bientôt de la puissance nécessaire pour soutenir plus longtemps la même allure. Les chaudières tubulaires multiplient les points de contact du feu avec les parois métalliques baignées par le liquide, elles produisent par heure d'énormes quantités de vapeur, et suffisent à l'énorme dépense de fluide moteur faite par le jeu précipité des pistons.

L'impossibilité de condenser à basse température la vapeur qui s'échappe des cylindres d'une locomotive force d'employer la vapeur sous de hautes pressions; elle se condense, non plus dans la chambre froide de Watt, mais bien dans la cheminée de la machine. Cet artifice a pour objet d'activer le tirage et d'entretenir la combustion dans le foyer. Il en résulte une particularité spéciale à la locomotive; les machines fixes marchent à peu près également bien à toutes les allures; on règle leur vitesse sur le travail qu'elles ont à faire. Pour la locomotive, au contraire, une certaine vitesse minimum lui est nécessaire pour qu'elle se trouve dans de bonnes conditions de travail. Au-dessous elle manque de souffle, et peut rester incapable de développer un effort qui, en pleine marche, serait loin d'excéder sa puissance.

L'exposé qu'on vient de lire suffit pour faire pressentir l'ordre que nous suivrons dans cette étude. Nous commencerons par nous occuper de la voie considérée d'abord en elle-même, puis dans les ouvrages d'art destinés à lui servir de base; nous étudierons ensuite la locomotive et le matériel roulant, enfin les stations et le matériel fixe; une étude sommaire de l'exploitation, au point de vue technique, au point de vue commercial, et enfin au point de vue financier, et quelques données statistiques, termineront notre revue.

CHAPITRE PREMIER

DE LA VOIE

Par ce mot de *voie* nous entendons, non-seulement la voie proprement dite, mais encore les travaux destinés à la soutenir et à lui donner une base continue, malgré les formes irrégulières des terrains à travers lesquels elle se développe. Cette division répond à peu près à la classification allemande des travaux de chemins de fer : la *substructure* (Unterbau) comprend la construction de la route, terrassements, travaux d'art ; la *superstructure* (Oberbau) comprend la construction spéciale du chemin de fer proprement dit, en y réunissant, il est vrai, les bâtiments, que nous excluons ici, et dont nous nous occuperons plus tard.

VOIE PROPREMENT DITE. — Tout le monde connaît en gros la composition de la voie courante. On sait qu'elle comprend deux files de *rails*, posés parallèlement à une distance constante ; les rails sont assujettis sur des *traverses*, qui sont elles-mêmes noyées dans une épaisse couche de *ballast*.

A l'origine des chemins de fer, les rails étaient des pièces de bois sur lesquelles on fixait avec des

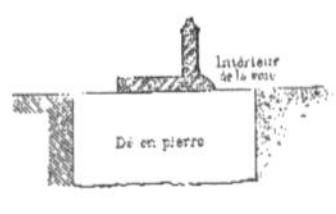

Fig. 1. — Vieille voie.

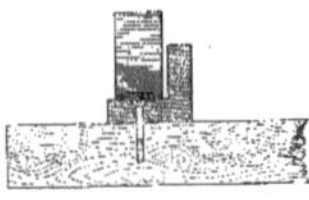
Fig. 2. — Rail cornière.

vis une bande de fer destinée au passage des roues. Ce premier type, amélioré par la substitution d'un fer à cornière au fer plat, reste encore employé dans les chemins de fer mobiles des usines et de certaines fermes anglaises.

Après le bois garni de fer, on a employé la fonte, qui a régné sans partage sur tous les chemins de fer miniers de l'Angleterre depuis 1780 jusque vers 1815. Le rail de fonte avait une longueur de 3 à 4 pieds anglais au maximum ; le dessus était droit, et présentait un renflement destiné à fournir

Fig. 3. — Rail subondulé.

Fig. 4. — Rail subondulé.

aux roues une large surface d'appui ; le dessous était *ondulé* (fig. 3 et 4) suivant la forme des poutres d'égale résistance posées sur deux appuis de niveau.

La fabrication du fer laminé a mis fin à tous ces essais. On fabrique maintenant des rails de 6 mètres de long, pesant 35 kilogrammes et au delà par mètre de longueur. Le point faible de la voie est le joint que le wagon doit franchir pour passer d'un rail au suivant. La meilleure voie, à cet égard, est celle qui renferme le moindre nombre de joints ; la substitution du rail en fer de 6 mètres au rail en fonte de $1^{m},20$ réduit au cinquième le nombre des joints, et rend la voie, pour ainsi dire, cinq fois plus douce. Le fer laminé présente d'autres avantages sur la fonte; il est plus élastique, mieux lié moins cassant, et il résiste bien mieux aux chocs répétés et aux trépidations dues au passage des wagons animés de grandes vitesses. Le rail d'acier présente, par rapport au rail de fer, un progrès tout aussi important.

La forme du rail a beaucoup varié; on a employé successivement le *rail à simple champignon* (fig. 5), le *rail à double champignon* (fig. 6), le *rail à pont*, le *rail Vignoles*. Les deux premiers types sont réunis à la traverse par l'intermédiaire d'un *coussinet;* les deux derniers se fixent directement sur la traverse.

La voie sur coussinets a longtemps été le type le plus généralement employé en France et en Angleterre. Elle comprenait, outre le rail, une série de coussinets en fonte, de deux types différents, l'un pour les traverses intermédiaires, l'autre, plus long, pour les traverses de joint; des coins en bois, destinés à serrer le rail dans les coussinets; des chevilles en fer ou en bois, pour fixer le coussinet à la traverse.

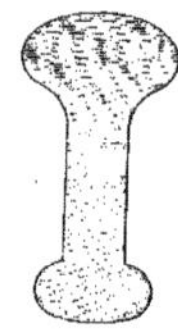

Fig. 5. — RAIL A SIMPLE CHAMPIGNON.

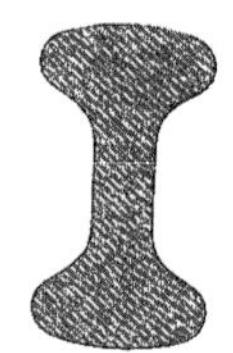

Fig. 6. — RAIL A DOUBLE CHAMPIGNON.

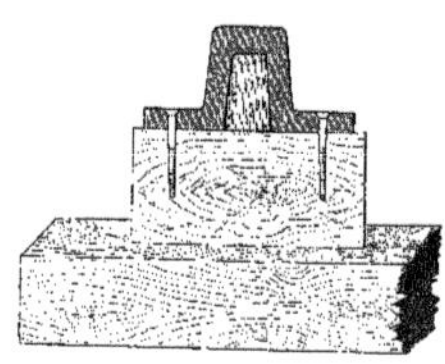

Fig. 7. — RAIL A PONT.

Aujourd'hui, on emploie de préférence, en France et dans toute l'Allemagne, le rail Vignoles, ou rail à patin, qu'on cloue sur les traverses avec des chevilles en fer, dont la tête se rabat sur le bord du patin. Diverses dispositions peuvent être adoptées relativement aux joints. Tantôt on y place une traverse qui soutient les abouts de deux rails successifs. Pour renforcer le joint, et assurer l'affleurement des deux rails placés bout à bout, on les fait porter sur une *plaque de joint* à travers laquelle passent les chevilles; en outre, on réunit les deux rails dans la région moyenne occupée par la côte, au moyen d'une paire d'*éclisses* en fer, percées tantôt de trois trous, tantôt de quatre, et traversées par des boulons qui serrent les deux rails comme entre les mâchoires d'un étau. Sur quelques lignes, on réunit la plaque de joint à l'une des éclisses, de manière à former une sorte de coussinet de joint peu élevé, auquel le serrage de la seconde éclisse réunit invariablement les deux rails. Tantôt on a recours à une disposition plus hardie, qui, d'abord essayée en Allemagne, a fini par pénétrer en France, et qui a l'avantage de donner une voie beaucoup plus douce; c'est le système du joint en porte-à-faux. Au lieu de placer une traverse sous le joint pour porter les extrémités des deux rails, on place deux traverses, l'une en deçà, l'autre au delà du joint éclissé, de manière que le joint se trouve compris dans leur intervalle. L'éclisse qui réunit les deux rails rétablit la continuité, et compense le joint, eu égard à la faible portée qui reste libre entre les deux traverses voisines.

Le rail à pont, posé sur longrines (fig. 7), a été adopté sur le chemin de fer du Great Western; puis la difficulté d'obtenir couramment des longrines de bonne qualité, la difficulté plus grande encore de les conserver longtemps dans le ballast, et de les remplacer quand elles commencent à s'altérer, ont fait abandonner cette voie, malgré la douceur qu'elle présentait immédiatement après la pose. Aujourd'hui l'emploi des traverses est à peu près général.

Mentionnons cependant un essai qui a été quelque temps poursuivi en Angleterre, et en France sur le chemin de fer du Midi : celui du rail sans traverses ni longrines, dit *rail Barlow* (fig. 8). Le rail Barlow présentait en coupe la forme d'une selle de cheval; cette forme permettait de le poser directement sur le ballast, et, moyennant un bon bourrage, on donnait à la voie une excellente assiette sans y introduire en aucune façon le bois. Le grand reproche à adresser au rail Barlow était l'impossibilité presque absolue de compenser les dilatations et les contractions de la voie dues aux changements de température. On y parvient au contraire très-facilement dans les autres systèmes de voie, en laissant un jeu de 3 millimètres entre deux rails consécutifs, la pose étant supposée faite à une température moyenne de 10°.

Le ballast est une couche de sable ou de pierres cassées, quelquefois même de scories provenant des usines à fer, dans laquelle sont noyées les traverses ou les longrines. C'est un matelas perméable destiné à assainir la voie, et en même temps à éteindre les vibrations causées par le passage des véhicules. Le ballast prévient le déplacement des traverses, et contribue à donner à la voie une assiette invariable; du reste, il n'acquiert cette propriété que quand il a reçu un bon bourrage. Placé au-dessus des maçonneries des travaux d'art, il épargne aux ouvrages les trépidations qui pourraient nuire à leur conservation. Le ballast est mauvais quand il donne de la poussière que le vent des trains soulève. Outre l'inconvénient que la poussière présente pour les voyageurs, elle va se loger dans les articulations du mécanisme de la machine, augmente la résistance du frottement, et contribue à user plus rapidement les pièces mobiles. Aussi est-il avantageux de recouvrir d'une épaisse couche de pierres cassées le sable qui forme le noyau du ballast.

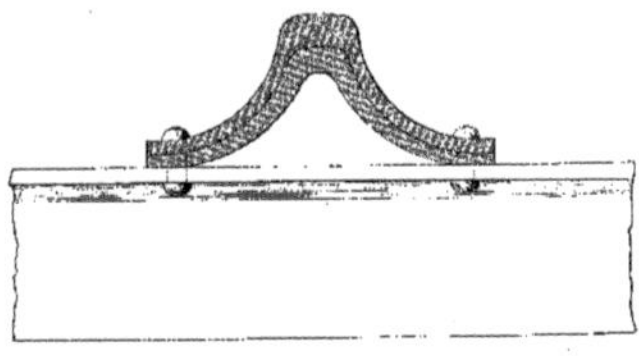

Fig. 8. — Rail Barlow.

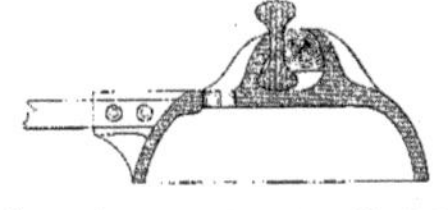

Fig. 9. — Cloche du chemin de fer d'Alexandrie.

Il existe bien d'autres types de voie. Le renchérissement des bois a conduit, par exemple, à étudier des systèmes de voies entièrement métalliques. En Égypte (fig. 9), où le bois est très-rare, on a employé par exemple la voie posée sur cloches métalliques; en France et en Allemagne, on cherche encore des types plus pratiques que la voie Barlow, et dans lesquels les traverses en bois seraient remplacées par des pièces en métal. L'économie ne paraît pas encore s'être prononcée en faveur de ces nouveaux systèmes, qui donnent des voies moins bien assises que le système ordinaire : le volume, la masse, ont une grande influence sur la stabilité de la voie, et les voies entièrement métalliques sont sujettes, paraît-il, à des avaries auxquelles les voies sur traverses en charpente ne semblent pas aussi exposées. La question reste toujours à l'étude.

La largeur de la voie est fixée en France à $1^m,44$ entre les rails, ou à $1^m,50$ d'axe en axe; la même largeur est adoptée en Italie, en Allemagne, en Autriche, en Belgique et dans la majeure partie de l'Angleterre. L'Espagne a pris une voie plus large, $1^m,70$ entre les rails. La Russie a adopté la voie de 5 pieds anglais, ou de $1^m,52$ entre les rails. Enfin, dès l'origine des chemins de fer, on voyait en Angleterre deux voies différentes : celle de $1^m,44$, la plus répandue, et celle de $2^m,13$, sur le Great Western et ses ramifications. La largeur de $1^m,44$ s'applique aujourd'hui à la plus grande partie des réseaux. Quelques ingénieurs regrettent qu'on n'ait pas adopté tout d'abord une largeur un peu plus grande; l'important après tout, c'est que la même largeur s'étende à de grandes longueurs de lignes, de manière à épargner le plus possible les frais afférents aux *ruptures de charge*.

FABRICATION DES RAILS. — Le paquet destiné au laminage d'un rail est formé de différentes *mises*. Au centre, les mises, en deux ou trois morceaux au plus, avec joints entrecroisés dans le profil transversal, sont généralement formées de *fer puddlé brut;* en haut et en bas, deux *couvertures*, qui occupent toute la largeur du paquet, sont destinées à former les champignons du rail, si le rail est à double champignon, ou le champignon et le patin, s'il s'agit d'un rail Vignoles. Ces couvertures se font en général en *fer corroyé*. Les joints dans la longueur d'une même mise doivent être soigneusement évités. Le paquet ainsi composé est chauffé au blanc, puis passé dans un train de laminoirs, qui le compriment méthodiquement dans tous les sens, produisent la soudure des mises les unes avec les autres, et amènent graduellement le profil à la forme qu'il doit recevoir. La longueur s'accroît à mesure que le paquet se trouve comprimé, et le rail sort de la cannelure finisseuse sous forme d'une barre continue de 6 mètres de long. On *affranchit* les bouts à l'aide de la scie circulaire, et le rail, dressé et dégauchi, est mis en tas en attendant la réception à l'usine.

L'écueil de cette fabrication, c'est la difficulté de souder ensemble les différentes mises et d'en faire un tout bien lié. La composition du paquet est dirigée de telle sorte que les parties qui servent au roulement, et qui sont exposées à l'usure, soient d'un autre fer que les parties qui interviennent seulement pour donner au rail la résistance élastique. Mais souvent le laminage produit dans les diverses mises les plus bizarres interversions. La mise supérieure, destinée au champignon, peut couler latéralement et venir s'étendre le long des bords de la côte. Le champignon n'est plus alors formé d'une bande épaisse de fer corroyé. Il s'use et s'exfolie au passage des trains. Souvent aussi les soudures entre des fers de diverses qualités s'altèrent petit à petit, sous l'influence des vibrations répétées que subit le rail au passage des trains, et le rail menace ruine avant d'avoir été usé.

L'introduction des rails d'acier a apporté à la voie dans ces dernières années un perfectionnement très-notable. Le rail d'acier reçoit la même forme que le rail de fer; seulement, à résistance égale, on peut lui donner des dimensions un peu moindres. Il est formé par le laminage d'un lingot homogène d'acier fondu, ce qui donne au rail une garantie de durée, et à ses diverses parties une liaison intime. Enfin l'expérience démontre que le rail d'acier exposé à une circulation active s'use très-régulièrement, tandis que le meilleur rail de fer est détruit avant d'être usé à sa surface. On peut apprécier le mérite des voies d'acier en examinant la trace laissée par les trains sur les rails. La zone des contacts du rail et des roues, reconnaissable à son éclat, offre partout une largeur uniforme sur une voie d'acier; sur une voie en fer, l'irrégularité de cette zone, qui se resserre ou s'étend suivant le degré de dureté des rails successifs, accuse de profondes inégalités entre toutes ces barres de fer, qu'au premier coup d'œil on jugerait identiques. Le rail d'acier prend aujourd'hui possession de toutes les grandes lignes, surtout lorsque l'étendue du trafic et la rapidité de la marche imposent à la voie une fatigue exceptionnelle. Ce changement est une des plus heureuses conséquences de la révolution récemment opérée dans la métallurgie, révolution qui permet aujourd'hui de fabriquer d'énormes quantités d'acier, et qui met l'acier sur le même rang, comme usage, que le fer ou la fonte.

TRACÉ. — Voilà la voie courante esquissée dans ses dispositions générales. Il s'agit maintenant de faire passer cette voie à travers tous les accidents de la topographie d'une contrée, c'est-à-dire d'approprier, par les travaux les plus économiques possible, les formes données du terrain naturel à une forme convenable pour la voie qu'on y veut établir. Ici se présente une question importante, qui domine tout l'établissement des voies ferrées, la question du *tracé*.

Pour la résoudre dans chaque cas particulier, il est nécessaire d'apprécier l'influence sur l'exploitation des diverses affections du tracé, c'est-à-dire des *déclivités* et des *courbes*.

Les déclivités de la voie, qu'on appelle *rampes* quand on les parcourt dans le sens montant, et *pentes* quand on les parcourt dans le sens descendant, sont d'autant plus nuisibles qu'elles sont plus accentuées, et le principal objet des opérations du tracé est de les réduire à la plus basse limite. Sur un palier horizontal, la locomotive n'a à vaincre que les résistances accessoires des frottements et la résistance de l'air. Dès qu'elle monte, elle a en outre à vaincre la composante du poids des trains, laquelle s'accroît à mesure que l'inclinaison se prononce davantage. Or, plus un mode de transport est perfectionné, plus la voie qu'il emploie doit être assujettie à d'étroites conditions. Il serait illusoire de réduire à la moindre valeur les frottements et la résistance de l'air, et de laisser subsister une résistance telle que la pesanteur sur une pente, assez forte pour excéder le maximum de l'effort que le moteur peut produire. Dans l'exploitation, les grandes inclinaisons se traduisent par une diminution sensible du poids des trains; la diminution est plus sensible pour les trains de marchandises, qui marchent lentement, que pour les trains de voyageurs qui sont plus rapides. C'est ce qui ressort de l'examen du tableau suivant, où l'on a inscrit des résultats moyens :

RAMPES EN MILLIMÈTRES PAR MÈTRE.	NOMBRES PROPORTIONNELS À LA LIMITE DU POIDS DES TRAINS.	
	En grande Vitesse.	En petite Vitesse.
0	1,000	1,000
5	528	483
10	360	318
25	183	158
35	138	118

Ces chiffres permettent d'évaluer numériquement l'influence des pentes. Ainsi, sur un chemin de fer présentant de longues rampes inclinées à 10 millimètres, on est forcé de réduire le poids des trains aux 36 centièmes et aux 32 centièmes, c'est-à-dire au tiers, en moyenne, du poids qu'on pourrait leur donner en palier horizontal : ce qui revient à faire un nombre triple de trains pour le même trafic.

Si l'on augmente graduellement l'inclinaison d'une rampe, on rencontre une autre limite, celle où la locomotive n'a plus sur le rail l'adhérence nécessaire à la progression. Alors il faut changer de système, et comme aux chemins de fer du Rigi, comme au chemin des Alleghanys, il faut établir une crémaillère sur laquelle la roue motrice puisse trouver un appui résistant. Nous nous occuperons dans un prochain chapitre de ces solutions exceptionnelles.

L'inclinaison de la voie crée, en résumé, un obstacle à la circulation lorsqu'elle est parcourue en montant. Il semble qu'à la descente, au contraire, la pesanteur agissant dans le sens du mouvement, l'inclinaison ne doive présenter que des avantages. Mais cette conclusion n'est admissible en pratique que jusqu'à un certain degré. La descente d'une longue pente très-inclinée serait dangereuse, à cause de l'accélération continue qu'éprouverait le train, et qui l'exposerait bientôt aux accidents les plus graves. Pour détruire cette accélération, il faut avoir recours aux freins, c'est-à-dire, il faut créer une résistance accessoire, capable d'absorber une partie du travail moteur; de sorte que le train ne profite pas entièrement de la puissance motrice que la nature lui offre gratuitement, et que, par des moyens artificiels, on en détruit une partie au lieu de l'utiliser tout entière. La *contre-vapeur,* procédé d'enrayage que nous décrirons plus loin, permet, dans une certaine mesure, d'économiser une portion de cet excès de travail moteur, qu'on retrouve plus tard quand on est en position de l'utiliser. Néanmoins, on voit que les pentes, surtout si elles sont fortes, ne font pas retrouver à la descente la totalité du travail qu'elles ont coûté à la montée, sans compter que l'emploi des freins use la voie et le matériel, et qu'enfin la rupture inopinée d'un des organes destinés à l'enrayage peut exposer le train descendant à prendre des vitesses vertigineuses.

Il serait cependant impossible de construire un chemin de fer rigoureusement horizontal, et les pentes faibles sont regardées comme une nécessité de la construction d'un chemin, même dans le pays le plus plat du monde. La pratique a consacré une sorte de classification des déclivités. Ainsi, au-dessous de 5 à 6 millimètres, les pentes passent à peu près inaperçues ; elles exigent un faible surcroît d'efforts à la montée, et ne demandent pas le serrage des freins à la descente. Dans beaucoup de chemins de fer, on a adopté pour limite 8 millimètres. Les perfectionnements de la locomotive ont permis de raidir graduellement les inclinaisons, et dans les pays faiblement accidentés, l'économie de la construction conduit parfois à atteindre la limite de 15. Les rampes de 20 à 25 se rencontrent en pays de montagne. La traversée du Semmering, sur la ligne de Vienne à Trieste, présente des pentes variables de 25 à 28. Le plan le plus incliné du réseau européen, exploité par la locomotive, a une pente de 35. L'emploi des crémaillères, pour fournir un appui ferme à la roue motrice et suppléer à son défaut d'adhérence sur le rail, permet d'aller au-dessus de cette dernière limite ; ainsi le chemin de fer du Rigi que nous citions tout à l'heure a une inclinaison uniforme de 1/4, ou de 250 millimètres. Mais sur cette inclinaison d'échelle la locomotive tire, ou plutôt pousse un seul wagon, contenant au plus quarante personnes : c'est le chargement d'un omnibus.

Les courbes sont aussi une des grandes difficultés des voies ferrées. Le matériel des chemins de fer est plus rigide que le matériel des routes ordinaires. Dans les voitures qui parcourent les chaussées, les roues sont indépendantes, et tournent sur un essieu fixe. S'il y a deux essieux, on attache l'essieu de devant par une cheville ouvrière au bâti de la voiture, ce qui permet au conducteur, si la voiture est bien construite, de tourner presque sur place, et d'infléchir sa route à droite ou à gauche en décrivant une courbe aussi prononcée qu'il est nécessaire. Les grandes vitesses que l'on obtient sur les chemins de fer ont fait proscrire dès l'origine cette indépendance des roues. Les deux roues conjuguées font corps avec l'essieu : il tourne dans les boîtes à graisse où il s'engage à ses deux extrémités, et qui, mobiles dans les plaques de garde, le rattachent au corps de la voiture. Il en résulte que les espaces parcourus par les deux roues dans le mouvement commun doivent être rigoureusement les mêmes. En alignement droit, cette égalité contribue à maintenir le wagon carrément sur la voie. Mais dans les courbes, la roue extérieure doit décrire un chemin plus grand que la roue intérieure, et l'essieu ne peut rester sensiblement perpendiculaire à l'axe de la voie, à moins que l'une des deux roues au moins ne glisse sur le rail en même temps qu'elle roule. De là un mouvement très-compliqué, très-gêné, qui augmente les résistances et qui, dans certains cas, peut provoquer le déraillement. Cet inconvénient, sensible dans les courbes prononcées, est accusé encore davantage dans les grandes vitesses. Le wagon tend toujours à sortir de la voie vers l'extérieur de la courbe qu'on lui fait décrire, et cette tendance s'accroît à mesure que la vitesse augmente; on la corrige en surhaussant légèrement le rail extérieur, de manière que l'inclinaison transversale de la voie soit en chaque point normale à la résultante de la pesanteur et de la force centrifuge. Le surhaussement doit être calculé pour la vitesse maximum qu'on se propose d'atteindre; il est exagéré pour les vitesses moindres; aussi un wagon arrêté dans la courbe se trouve-t-il dans une position oblique très-gênante pour les voyageurs.

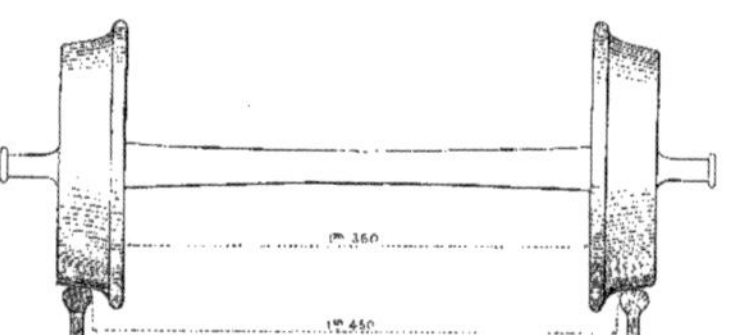

Fig. 10. — Essieu et roues conjugués.

Cet effet est surtout sensible aux points où la voie présente à la fois une pente forte et une courbe très-raide. Les grandes vitesses que peuvent prendre à la descente les wagons en dérive demandent en ces points une très-forte surélévation du rail extérieur; et quand les trains montent la rampe à vitesse faible, ils reçoivent vers l'intérieur des courbes un excès d'inclinaison qui parfois va jusqu'à compromettre la stabilité des chargements.

Le vrai danger des courbes, c'est le danger des déraillements; elles ont l'inconvénient d'accroître la résistance à la traction, en compliquant le mouvement normal de glissements et de frottements des rebords des roues contre les rails. En outre elles dérobent une partie de la voie à la vue du mécanicien, et peuvent être ainsi la cause indirecte des rencontres et des collisions. Le chemin de fer le meilleur au point de vue de l'exploitation est celui où les courbes ont le plus grand rayon possible. Une courbe de 1,000 mètres de rayon équivaut sensiblement à un alignement droit. Sur beaucoup de lignes, on a pris comme minimum 600 mètres. Mais, à mesure que le réseau des chemins de fer a pénétré dans les contrées plus montagneuses, il a fallu, sous peine de se condamner à des travaux hors de proportion avec l'utilité des voies à construire, admettre des courbes raides comme de fortes pentes. Au Semmering, grâce à la création d'un type spécial de machine, on a admis des courbes de 190 mètres de rayon. Le matériel articulé de M. Arnoux, le matériel américain, permettent des courbes encore plus prononcées. Mais c'est surtout la locomotive qu'il importe de plier au passage de ces courbes, lesquelles ne sont jamais si brusques que quand la pente est elle-même très-accusée. Nous examinerons plus loin certains types de machines qui passent dans des courbes de petit rayon, et qui rendent admissible le tracé des chemins de fer dans les pays les plus montagneux, presque toujours à la condition, il est vrai, de réduire sensiblement la vitesse de la marche.

Le problème du tracé d'une voie ferrée entre deux points donnés est, comme on le voit, extrêmement complexe. A ne considérer que les conditions techniques de l'exploitation, le meilleur tracé serait celui qui donnerait les moindres déclivités et les courbes du plus grand rayon. Mais il s'en faut qu'on puisse réduire à ces éléments la comparaison entre plusieurs lignes rivales. D'un côté, il faut se préoccuper du point de vue commercial, c'est-à-dire des rapports à établir entre la voie ferrée et les centres de population ou d'industrie qu'on peut lui faire rencontrer sur son parcours, considération qui peut motiver parfois des détours et des inflexions; de l'autre, une considération majeure est celle du prix de revient de la ligne entière, et des capitaux qu'elle absorbe pour sa construction et son premier établissement. Il faut, en un mot, que la construction de la ligne soit économique, c'est-à-dire il faut qu'un tracé approprié aux formes du terrain réduise au minimum le volume des terres à remuer, ramène les ouvrages d'art au moindre nombre et au moindre volume possible, et les place dans les conditions où la construction exige les moindres dépenses. Il en est de même de tous les problèmes pratiques; ils imposent tous, plus ou moins, la nécessité de satisfaire à une foule d'exigences contradictoires; l'habileté consiste à en faire un classement rationnel, et à apprécier chacune à sa juste valeur dans le compromis définitif qu'il convient de faire entre toutes. En général, le tracé d'une grande ligne est jalonné d'avance, au point de vue commercial, par certains points, dits *points obligés, par ou près lesquels* la voie ferrée doit être conduite. L'examen attentif de la topographie du pays qu'on veut traverser révèle bientôt une autre série de points obligés : ce sont les points bas des faîtes qui partagent cette contrée en divers bassins ; ce sont, en un mot, les *cols* formés par les dépressions des lignes de faîte. Pour accéder à ces cols, on est naturellement amené à suivre les vallées des cours d'eau qui en descendent ; de sorte que l'étude intelligente du système hydrographique des régions à travers lesquelles le chemin de fer doit se développer, permet

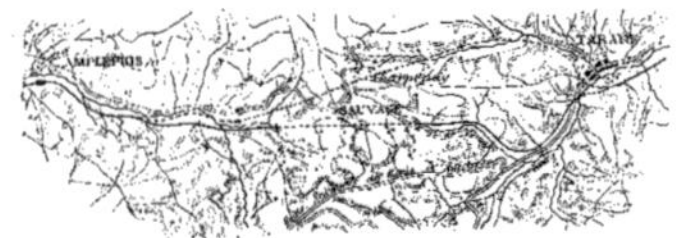

Fig. 11. — Exemple de tracé.

de fixer en gros sur la carte les directions qu'il est possible d'attribuer à la ligne, et sur lesquelles le choix devra porter. Pour arriver à cette comparaison il n'est pas nécessaire, en général, d'achever pour chacune des variantes le projet complet et l'estimation de la ligne. Le relevé des pentes et des courbes de petit rayon, l'évaluation sommaire des ouvrages d'art à exécuter, l'appréciation des difficultés inégales que les travaux pourraient rencontrer sur chacune, souvent aussi des considérations tirées de la défense du pays,...

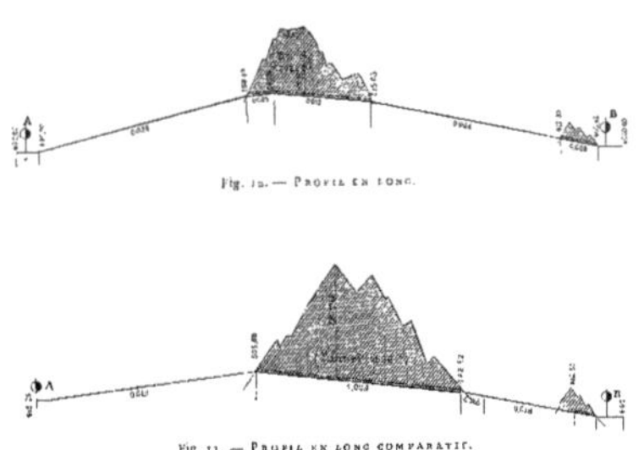

Fig. 12. — Profil en long.

Fig. 13. — Profil en long comparatif.

amènent bien vite l'autorité compétente à décider entre les différentes solutions, et à arrêter celle qui devient l'objet du projet définitif. On reprend alors cette direction en particulier, on l'étudie en détail, on en améliore autant que possible le tracé, tout en l'appropriant le mieux possible aux formes du terrain ; on fait l'estimation de la ligne, on prépare les marchés des entreprises et l'occupation des terrains. On voit combien d'opérations préparatoires suppose le premier coup de pioche donné sur l'emplacement d'une voie ferrée.

CONSTRUCTION DE LA LIGNE. — Les travaux de construction, que nous avons réunis sous le nom de *substructure*, comprennent deux classes principales : les terrassements et les travaux d'art.

Les terrassements englobent tout le mouvement des terres nécessaires à l'assiette d'une voie ferrée. Le tracé définitif qu'on adopte tend, il est vrai, à les réduire le plus possible ; mais un chemin de fer est assujetti à d'étroites conditions relativement aux courbes et aux pentes, et si sur une route de terre, malgré une flexibilité bien plus étendue, on rencontre de grandes tranchées et de grands remblais, à plus forte raison, sur un chemin de fer, devra-t-on tantôt ouvrir des tranchées profondes, pour écrêter un contre-fort qu'on ne saurait ni tourner ni gravir, tantôt élever un grand remblai, pour maintenir le niveau de la ligne au-dessus d'une dépression transversale. La construction d'une voie ferrée, même bien tracée, impose en général un énorme mouvement de terres. Le déblai tiré des tranchées doit être porté plus loin en remblai; l'excès est retroussé en cavalier à proximité de la ligne. Un excès de remblai, par contre, se fait au moyen d'un emprunt latéral. Le choix entre ces diverses solutions est un des problèmes que l'ingénieur a le plus souvent à résoudre; l'économie, et souvent aussi la rapidité de l'exécution, sont les guides à suivre en pareille matière. A vrai dire, ces deux considérations rentrent l'une

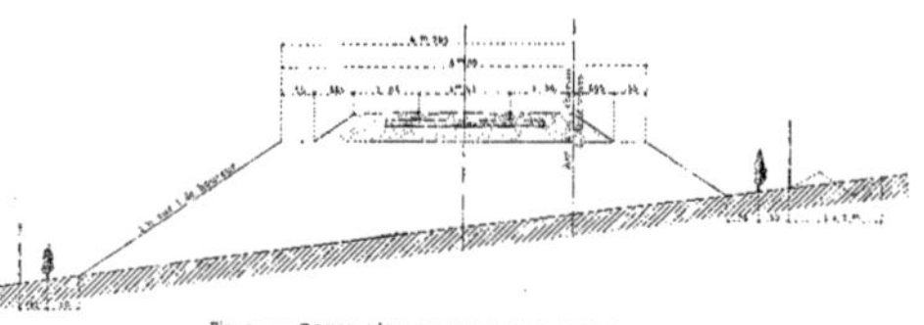

Fig. 14. — Coupe d'un chemin à une voie en remblai.

dans l'autre, et, en fait de construction de chemins de fer, la rapidité d'exécution équivaut à une économie. Les chemins de fer absorbent en effet des capitaux considérables; ces capitaux ne commencent à donner un revenu que quand la ligne est finie et livrée à l'exploitation, de sorte qu'il n'est pas indifférent de mettre cinq ans à construire une ligne ou d'en mettre dix; l'économie apparente qu'on

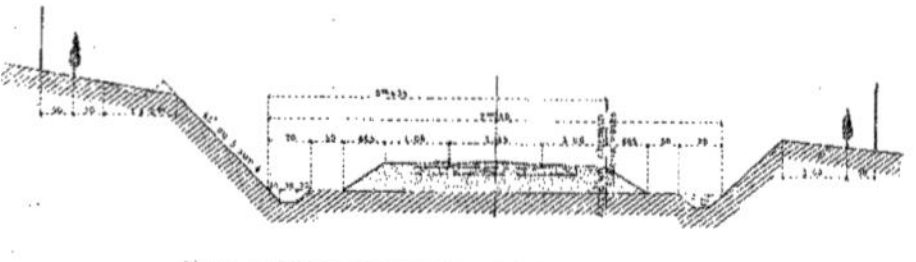

Fig. 15. — Coupe d'un chemin à une voie en tranchée.

pourrait faire en traînant la construction pendant une durée double de celle qui est nécessaire, serait accompagnée d'une perte d'intérêts, et pourrait, en fin de compte, se traduire par un excès réel de dépenses. Aussi les méthodes de construction des chemins de fer ont-elles pour but de *faire vite* autant que de *faire bien*. Nous le voyons dans les terrassements : sur les routes, sur les canaux, on

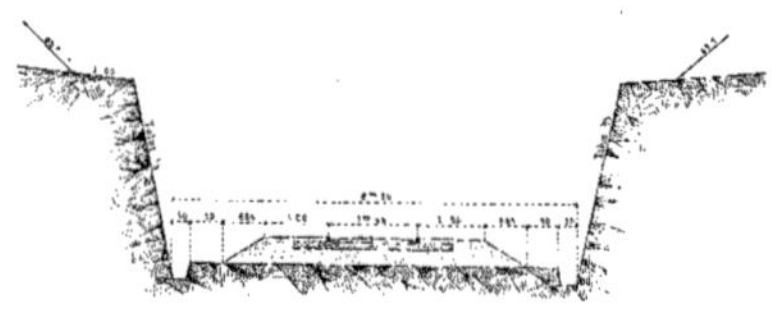

Fig. 16. — Tranchée dans le rocher.

employait autrefois les transports de terre à la brouette, au camion, au tombereau à un cheval ou à deux chevaux. A ces procédés, excellents quand on a du temps et qu'on n'opère pas sur d'énormes masses, les entreprises de chemins de fer ajoutent les terrassements au wagon. Une voie provisoire, posée sans ballast, et remaniée à chaque instant à mesure de l'avancement des travaux, sert à transporter en remblai les déblais extraits d'une tranchée; la masse mise ainsi en mouvement est beaucoup plus considérable, le transport se fait plus rapidement et à des distances beaucoup plus grandes, et ce procédé, universellement adopté aujourd'hui, a rendu possibles des mouvements de terre que les anciennes méthodes eussent laissés impraticables. Même procédé pour la distribution du ballast. Il est tiré de certaines carrières, chargé sur des plates-formes, et amené par une voie de service sur la ligne, où il ne s'agit plus que de le répandre. On se sert à cet effet d'une voie de ballastage, posée directement sur un côté des terrassements; les wagons de ballast sont déchargés sur l'autre côté; puis le ballast une fois répandu sous l'épaisseur convenable, on déplace la voie, et on s'en sert pour faire la même opération sur le reste de la largeur du chemin. C'est par ces procédés, variés à l'infini suivant les circonstances, qu'un habile entrepreneur arrive en peu de

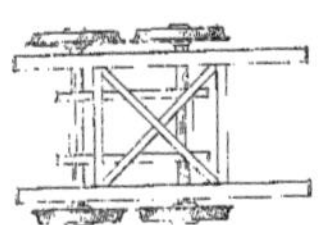

Fig. 17. — Chassis de wagon de terrassements.

Fig. 18. — Wagon à bascule, se vidant en avant.

temps et à peu de frais à réaliser des mouvements de terre qu'on serait tenté de croire impossibles. Un chemin de fer provisoire, employé comme moyen de construire un chemin de fer définitif, constitue une des méthodes de construction les plus fécondes, surtout dans les pays arriérés et présentant peu de ressources par eux-mêmes.

Lorsque les tranchées seraient trop profondes, ou lorsqu'elles entameraient des terrains trop peu solides, on substitue au déblai à ciel ouvert le percement d'un tunnel. C'est la ressource des chemins

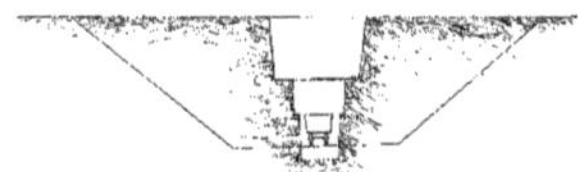

Fig. 19. — Terrassements.

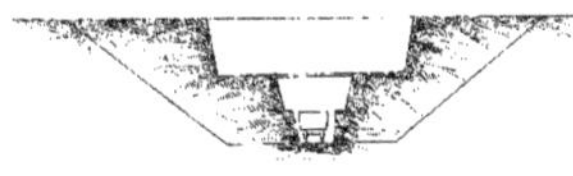

Fig. 20. — Terrassements.

de fer et des canaux pour passer d'un bassin dans un autre, sans s'élever jusqu'au niveau du faîte qui les sépare. Sur les routes, où l'on admet des pentes plus raides, les tunnels ne se rencontrent qu'en pays de montagnes, et quelquefois à titre de galerie de sûreté, pour franchir impunément un couloir de pierres ou d'avalanches. Tantôt le souterrain perce un contre-fort, qu'il eût été trop long de contourner, et qui aurait demandé des courbes d'un rayon trop petit pour l'exploitation courante; les deux têtes sont alors dans la même vallée; tantôt une tête est située dans le bassin d'un fleuve et l'autre dans un bassin voisin.

Fig. 21. — Terrassements.

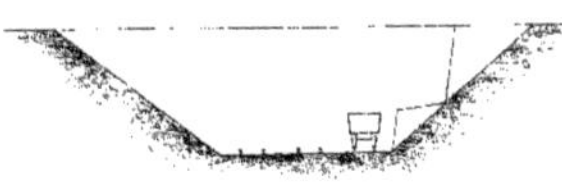

Fig. 22. — Terrassements.

Ainsi le souterrain de Blaisy, sur la ligne de Paris à Dijon, fait communiquer, par un percement de 4100 mètres, un point qui appartient au bassin de la Seine, c'est-à-dire au bassin de la Manche, avec un autre point qui fait partie du bassin du Rhône et de la Méditerranée. Le plus long tunnel exploité aujourd'hui est celui du mont Cenis; il a près de 13 kilomètres de longueur. La construction a duré 12 ans, et est un des beaux succès mécaniques de notre époque, car il s'agissait de percer de part en part, à une altitude moyenne de 1250 mètres, le noyau de la masse des Alpes, composé des roches les plus dures et les plus résistantes. En général, on attaque un souterrain non-seulement par ses extrémités, mais encore, au moyen de puits, par des points intermédiaires. De cette manière, on multiplie le nombre des chantiers d'attaque, et la durée du travail se trouve réduite à proportion. Cette méthode eût été impraticable dans les Alpes à cause de l'épaisseur de la couche laissée au-dessus de la voûte, et de la nature pour ainsi dire impénétrable des terrains à travers lesquels il eût fallu ouvrir les puits. Le travail, entamé seulement par les deux bouts, a été méthodiquement conduit de part et d'autre. Une machine, mise en mouvement par des chutes d'eau, forait les trous de mine; l'explosion de la poudre détachait un certain volume de roche; on déblayait, on laissait tomber

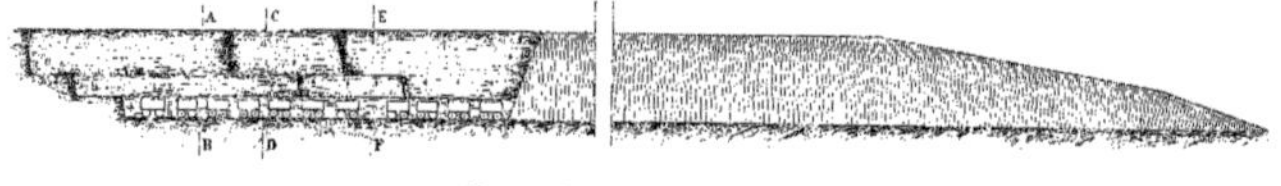

Fig. 23. — Terrassements au wagon.

au dehors tous ces morceaux; puis on remettait en place la machine à forer, et on recommençait la série de ces opérations. C'est le premier percement qu'on ait réalisé dans les Alpes proprement dites. Pour en trouver un comparable, il faut aller jusqu'au chemin de Vienne à Trieste, qui traverse, dans les contre-forts du Semmering et du Karst, les dernières ramifications de la grande chaîne. Le chemin du

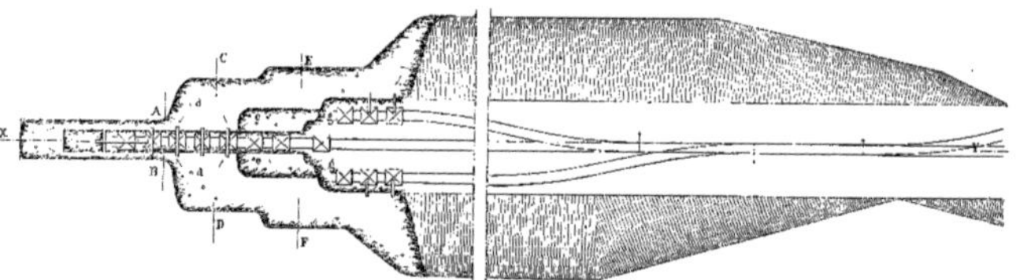

Fig. 24. — Terrassements au wagon.
Coupe A B, fig. 19. — Coupe C D, fig. 20. — Coupe E F, fig. 21. — b, c, d, e, g, Chantiers d'attaque du déblai.

Brenner, qui franchit aussi les Alpes, est dans d'autres conditions, car il passe le col à niveau. Le passage du Saint-Gothard, encore en exécution, offrira un tunnel de 14,900 mètres de longueur.

Il est question aujourd'hui d'un tunnel bien autrement long, celui qui servirait au passage d'une voie ferrée entre la France et l'Angleterre. Le détroit a 32 kilomètres de largeur à l'endroit le plus étranglé. La mer y a des profondeurs d'environ 60 mètres. Pour trouver un terrain à l'abri des infiltrations, si dangereuses surtout à de pareilles profondeurs, il faudra se mettre au moins à 100 mètres au-dessous du plan d'eau de la Manche; le raccordement de la voie souterraine avec les voies des abords, tant en France qu'en Angleterre, exigera un développement de pente qu'on ne peut établir qu'en souterrain, et qui portera la longueur du tunnel à plus de 40 kilomètres. Il semble difficile d'attaquer ce percement en plus d'un point intermédiaire; la construction d'un puits, qui devrait d'abord traverser toute la profondeur de la mer au-dessus du haut-fond où il serait établi, serait à elle seule une opération d'une difficulté considérable, et qu'on ne pourrait reproduire plusieurs fois dans le détroit. Tout dans cette entreprise fait donc obstacle au succès. Comparée au tunnel des Alpes, elle est d'une difficulté beaucoup plus grande. Au lieu d'avoir à jeter les déblais retirés du percement, il faudrait les ramener tous au niveau du sol. Qu'on s'imagine le travail à développer pour élever à plus de 100 mètres de hauteur tout le poids des déblais des 32 kilomètres du souterrain! Nous ne voulons pas dire néanmoins que ce travail ne se réunira pas, car il ne faut pas confondre ce qui est difficile avec ce qui est impossible.

Après les difficultés qui résultent d'une situation tout exceptionnelle, d'une longueur énorme, d'une dureté de roches presque inattaquables par les moyens ordinaires, la grande difficulté des souterrains est celle des mauvais terrains, des argiles, des failles, de la présence des eaux souterraines exigeant des épuisements; ces diverses circonstances ralentissent les travaux et peuvent exposer les travailleurs à des dangers réels. En général, on commence un souterrain par ouvrir une petite galerie, soigneusement blindée, qui traverse la montagne de part en part. On passe de là à l'ouverture de la grande section, non pas tout de suite sur la longueur entière, mais tronçon par tronçon, suivant le degré de confiance qu'inspire la solidité du terrain. On maçonne à mesure la voûte, qu'on commence, suivant les cas, par le cerveau ou par les pieds-droits. Dans les terrains très-fluides, on équilibre la poussée que les pieds-droits subissent, et qui tend à les rapprocher, au moyen d'un radier général. Des moyens d'écoulement sont ménagés pour les eaux souterraines, de manière à les rejeter vers l'extérieur du tunnel.

Le passage des longs tunnels n'est pas sans inconvénient au point de vue de l'exploitation. En pente forte, le rail, devenu glissant par suite de l'humidité, peut ne pas offrir à la locomotive le degré d'adhérence indispensable à la marche. Les accidents sont plus à craindre dans les tunnels qu'en pleine voie : une rupture d'attelage, par exemple, peut laisser en dérive une partie du train sans que le mécanicien s'en aperçoive. Sur les pentes fortes, où l'on a recours à la *double traction,* le mécanicien et le chauffeur qui montent la machine de queue peuvent être asphyxiés par la fumée et les gaz de la machine de tête, et il est nécessaire de placer à leur portée un réservoir d'air pur avec des appareils respirateurs.

Les travaux d'art des chemins de fer comprennent, outre les tunnels, les ponts et les viaducs. Ici encore les chemins de fer ont donné naissance à une foule de nouveaux types et de méthodes de construction que nous allons passer sommairement en revue.

Le premier objet de la construction des ponts est de créer un passage permanent au-dessus d'un cours d'eau. L'emploi des ponts se généralise dans les chemins de fer. Non-seulement il en faut pour

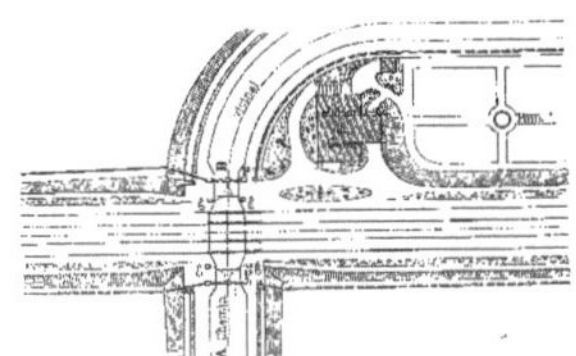

Fig. 25. — Passage a niveau.
A B, Chemin vicinal. — P P', Barrières. — g, g, g, g, Poteaux d'arrêt des barrières ouvertes.

franchir les fleuves et les rivières que rencontre le tracé, il en faut encore pour traverser les routes et les chemins sans y interrompre la circulation; enfin, si le chemin de fer traverse une vallée large et profonde à un niveau élevé, la construction d'un pont peut être plus économique que celle de l'immense remblai, empâté vers la base, qui serait nécessaire pour atteindre le niveau des rails. On donne le nom de *viaducs* à ces grands ouvrages, qui, quand ils sont construits avec goût et qu'on y emploie de bons matériaux, contribuent toujours à orner les paysages : il est rare que l'économie conduise ainsi à d'heureux effets architectoniques. En résumé, la route infléchit son tracé en haut, en bas, à droite, à gauche, pour aller chercher sur une rivière le point où le passage sera le plus favorable. Le chemin de fer, plus raide et assujetti à des conditions plus strictes de niveau, doit réserver l'espace nécessaire au passage, non-seulement des cours d'eau, mais des principales routes qu'il croise; de là, des *ponts en dessous,* sur lesquels le chemin de fer franchit une rivière, une route, une rue de ville; puis des *ponts en dessus,* qui donnent un passage au-dessus du niveau de la voie ferrée. Les dimensions de ces ouvrages sont très-variables, suivant les circonstances. Ainsi, pour les ponts en dessus, établis sur une tranchée, il y en a une multitude de types, depuis la simple passerelle destinée à faire communiquer les deux moitiés d'un parc coupé par le chemin de fer, jusqu'à ces larges ponts des grandes villes, où se réunissent plusieurs rues concourantes, et qui font au-dessus de la voie comme la voûte obscure d'un tunnel.

Enfin, une solution mixte consiste à faire croiser le chemin de fer et la voie qu'il coupe au même niveau; on obtient alors le *passage à niveau,* qui permet de multiplier à peu de frais les points où les deux côtés de la voie communiquent l'un avec l'autre, mais qui exige une grande surveillance, et qui ne donne à la voie de terre qu'un passage intermittent, le service des trains devant toujours primer le service des piétons et des voitures. L'intersection d'un chemin de fer et d'un canal donne lieu, dans les pays plats, à des passages analogues, empruntés aux usages des grands ports de mer. Ce sont les *ponts tournants,* sur le tablier desquels on installe la voie, et qu'on replie pour livrer passage aux bateaux.

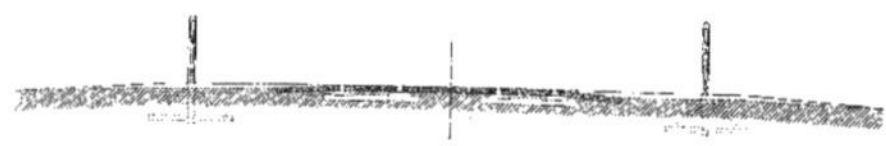

Fig. 26. — Passage a niveau. Coupe en travers des rails.

Là encore, une surveillance active et un système complet de signaux sont nécessaires pour éviter les accidents auxquels donnerait lieu l'arrivée d'un train sur la voie au moment où elle est coupée.

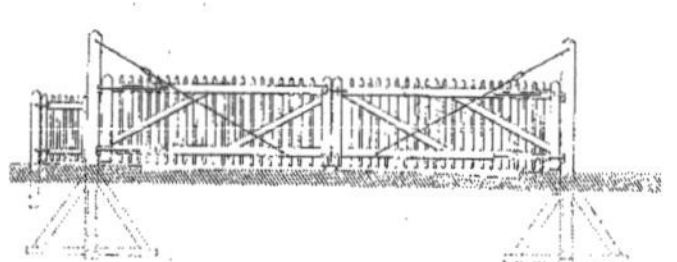

Fig. 27. — Barrières.

Fig. 28. — Maison de garde.

On réserve souvent des ponts mobiles au-dessus des cours d'eau qui marquent la frontière de deux États. La guerre vient-elle à être déclarée, on interrompt le passage d'un commun accord; l'armée d'invasion passe la frontière à côté, puis elle rétablit le passage à son profit.

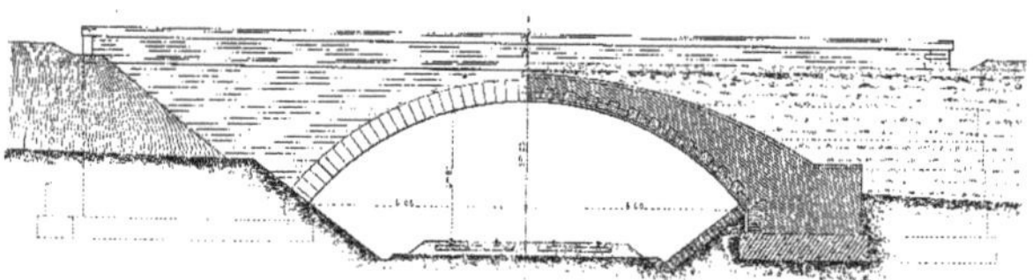

Fig. 29. — Pont a culées perdues.

Il existe un nombre très-considérable de types de ponts pour chemins de fer: Au point de vue des matériaux dont ils sont composés, on les partage en *ponts en maçonnerie, ponts en charpente, ponts*

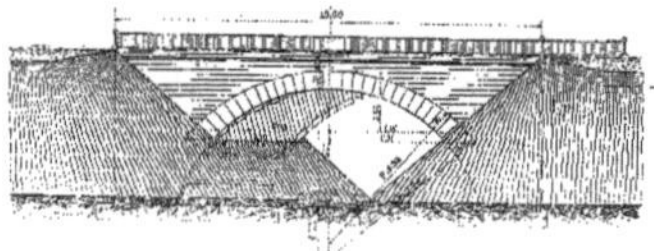

Fig. 30. — Pont biais.

métalliques, et chacune de ces classes se subdivise en un grand nombre de classes particulières, d'après les formes et le système adoptés. Le pont en maçonnerie est le type le plus stable, et celui auquel est promise la plus longue durée. Il convient aux régions où l'on trouve à bon marché les matériaux de construction, pierres, chaux, ciment. Pour qu'un pont de cette nature soit admissible, il faut qu'on puisse fonder sans trop de difficultés les piles dans le lit du fleuve à traverser; que ces piles ne produisent pas dans le courant de la rivière un courant destructeur, qui pourrait les affouiller et renverser l'ouvrage; qu'enfin, l'espace libre laissé sous les arches suffise à l'écoulement des plus grandes crues. Les ponts en maçonnerie n'admettent pas de bien grandes portées : une ouverture de 50 mètres est une limite rarement atteinte; de plus, l'espace libre qu'ils offrent à la rivière est restreint par la courbure de la voûte. A moins que le cours d'eau ne soit très-étroit, ou qu'il n'ait pas de vitesse appréciable, ou que la voie ne soit très-élevée au-dessus de son niveau, un pont en maçonnerie étrangle toujours plus ou moins le cours d'eau sur lequel on vient le construire. La difficulté des fondations augmente aussi avec le nombre des piles.

Les contrées où la masse des forêts donne de grandes richesses en bois de charpente ont vu naître les divers systèmes de ponts en bois, d'autant plus utiles que le pays est plus pauvre en matériaux propres aux maçonneries. Si surtout il s'agit de franchir des fleuves très-larges et soumis à des crues considérables, l'emploi des ponts en bois est une ressource utile, tant pour les routes que pour les chemins de fer. Tantôt on a recours aux ponts en arc de cercle, en imitant avec la charpente la forme donnée aux voûtes en maçonnerie; tantôt c'est le système américain qu'on adopte, c'est-à-dire la poutre droite à croisillons, qu'on raidit à volonté avec des boulons métalliques. Cette forme de poutre droite s'accommode des plus grandes portées, et réserve aux cours d'eau la totalité du débouché, sans qu'on soit exposé, comme avec les arcs en charpente, à voir les crues noyer les naissances des voûtes. Telle est la solution imaginée en Amérique, et importée depuis sur les voies ferrées de l'Allemagne et de la Russie. Elle n'est plus guère de mode aujourd'hui; car le bois, excellent pour les échafaudages et les constructions d'un caractère provisoire, a le double inconvénient de s'altérer avec le temps sous l'influence des agents atmosphériques, et d'être toujours exposé aux incendies. Les lignes de fer qui passent sur des ponts en charpente sont toujours en danger d'être coupées, soit par un accident fortuit, soit par quelque imprudence, soit enfin et trop souvent par la malveillance.

Les ponts en fer n'ont pas cet inconvénient; leurs grandes portées, la variété de leurs dispositions générales, la variété non moins grande des manières de les construire et de les mettre en place, en font la plus précieuse des ressources pour les voies ferrées. On en distingue trois types principaux : les *ponts suspendus*, les *ponts en arc* et les *ponts à poutres droites*.

Un pont suspendu se compose essentiellement d'un tablier droit, soutenu par des tiges verticales attachées à un câble parabolique. C'est le système qui se prête aux plus longues portées. La principale difficulté qu'il occasionne est l'attache du câble métallique dans des conditions qui préviennent l'oxydation du fer et qui assurent la conservation de l'ouvrage. Beaucoup de ponts suspendus ont péri par l'oxydation du câble dans les puits d'amarrage. Appliqué aux chemins de fer, le système des ponts suspendus demande de profondes modifications. Elles ont avant tout pour objet de restreindre les oscillations du tablier et du câble sous l'action d'une charge roulante. Les ponts suspendus sont extrêmement déformables; ils n'ont point de raideur; une voiture qui passerait au trot sur le tablier leur communiquerait des mouvements désordonnés qui pourraient bientôt amener la rupture du câble, et rien n'est plus dangereux que le passage d'une troupe marchant au pas sur cette surface mobile. A plus forte raison un train de chemin de fer y produirait des déformations alternatives et des secousses, qui compromettraient bien vite la résistance de l'ensemble. Les ponts suspendus ont été modifiés de manière à y admettre les trains en Autriche et aux États-Unis. En Autriche, on a donné de la raideur au câble en le dédoublant, et en entretoisant les deux brins par une série de brides métalliques découpant leur intervalle en triangles. Aux États-Unis, on a multiplié les liens qui assujettissent le tablier en ayant soin de contrarier, par des tractions en sens divers, les mouvements vibratoires qui tendraient à se produire. On parvient ainsi à donner au système une sorte de rigidité artificielle qui rend possible le passage des trains. Ces procédés n'ont rien de bien satisfaisant au point de vue architectonique; en général un édifice perd tout caractère monumental quand on est forcé de lui conserver des liaisons étrangères, analogues aux échafaudages dont on se sert pour le construire. Mais il ne faut pas oublier que le pont suspendu est le système de pont qui permet les plus grandes portées libres, et par suite c'est peut-être de ce côté qu'on devra chercher une solution applicable aux grandes ouvertures devant lesquelles les réseaux s'arrêtent aujourd'hui.

Les arcs métalliques, qui imitent avec le métal la forme des voûtes en maçonnerie, ont les défauts et les avantages de cette forme; ils ont l'avantage de l'économie, et se prêtent à des portées bien plus grandes que les voûtes. Les chemins de fer en ont fréquemment usé, d'abord avec la fonte, ensuite avec le fer. Cette dernière matière est maintenant la plus employée.

Enfin, les ponts à poutres droites offrent une immense variété de formes et de dispositions. La voie peut occuper dans l'ouvrage trois positions principales : au bas des fermes, sur des pièces transversales; en haut des fermes, sur les fermes mêmes ou sur les poutrelles qu'elles supportent; enfin vers le milieu de la hauteur des fermes, disposition dont on voit un petit nombre d'exemples.

Relativement au mode de construction, la poutre droite peut être pleine, elle peut être à *treillis*, c'est-à-dire découpée, entre les deux semelles qui en marquent le dessus et le dessous, par deux séries de barres, inclinées les unes dans un sens, les autres en sens opposé; le treillis peut être *simple* ou *double*, suivant le degré de rigidité qu'on veut donner à la poutre. D'autres types ont été créés récemment, les uns en Allemagne, les autres en Amérique. En Allemagne, on a cherché principalement à perfectionner et à rendre pratique un type de pont à grande portée imaginé par Brunel, et dont il a construit en Angleterre deux exemples remarquables; c'est le type connu sous le nom de *Bow-String*, qu'on peut assimiler à la superposition, dans le même ouvrage, d'un pont suspendu et d'un pont en arc de cercle; le résultat de cette superposition est un système analogue à la poutre droite, en ce qu'il n'exerce ni traction ni poussée sur ses points d'appui. En Allemagne, on en a dérivé les ponts du système Pauli, et plus récemment encore ceux du système Schwedel. Les ingénieurs américains ont fait des recherches dans une autre direction. Leurs types principaux résultent de l'application aux ouvrages en fer des principales dispositions usitées pour leurs ponts en bois et pour les charpentes à grande portée. Ce qui caractérise leurs grands ouvrages, qui atteignent les dimensions les plus considérables, c'est cette circonstance qu'une même pièce ne travaille jamais successivement à l'extension et à la compression. La *division du travail* est respectée dans ces constructions : telle pièce a la spécialité d'être toujours comprimée, telle autre d'être toujours étendue. C'est le caractère des systèmes Post, Bollmann, Howe, Linville, etc. Il nous serait impossible de suivre dans tous ses détails l'examen de types si nombreux et si variés, et dont le mérite ne peut être sainement apprécié qu'à l'aide de considérations mécaniques parfois très-délicates. Contentons-nous de rappeler l'origine commune à tous ces essais qui, en quelques années, ont permis d'étendre au delà des plus grands fleuves le réseau de nos chemins de fer. L'emploi de la poutre droite pour les grandes portées remonte à Stephenson, qui y a eu recours pour franchir le détroit de Menai, entre le pays de Galles et l'île d'Anglesea. Son *pont tubulaire* comprend quatre travées continues, deux de $143^{m},80$ au centre, deux de $73^{m},32$ aux extrémités; la poutre, dont la ligne inférieure se trouve posée sur des appuis en maçonnerie, à 40 mètres au-dessus du niveau du bras de mer qu'elle franchit, est formée de deux parois latérales pleines, en tôle, et d'un plancher et d'un plafond composés chacun de cellules en tôle; la hauteur varie, par une raison de convenance architectonique, de $7^{m},02$ aux deux extrémités, à $9^{m},14$ au milieu. Il y a un pont semblable pour chaque voie; chacun pèse 10 tonnes par mètre courant. Ce pont, le premier grand pont en tôle construit, est encore l'un des plus grands comme portée. Le perfectionnement principal dont ce système ait été l'objet, a consisté à réduire le poids propre de l'ouvrage jusqu'au minimum strictement obligatoire; et l'on sait aujourd'hui apprécier avec une entière exactitude les moindres dimensions nécessaires pour franchir avec sécurité une portée donnée. Ensuite, on a amélioré le type au point de vue de l'effet qu'il produit, en substituant les treillis ou les parois évidées aux parois pleines.

Après ce premier perfectionnement des anciens procédés, le plus important est celui des méthodes de fondation en rivière. Les méthodes anciennes, par batardeaux ou par caissons, étaient très-sûres, mais bien lentes, et les moyens dont elles permettaient de disposer étaient hors de proportion avec les profondeurs d'eau que peuvent rencontrer les voies ferrées. L'emploi de la pression atmosphérique pour chasser le liquide, déjà usité dans la *cloche à plongeur*, est devenu courant dans la pratique des constructions. C'est aux travaux des mines de la Loire qu'on en fit la première expérience. L'ingénieur, M. Triger, se servit de l'air comprimé pour faire descendre la nappe liquide dans laquelle ses ouvriers étaient appelés à travailler. Les fondations à l'aide de l'air comprimé ont été employées avec succès au pont de Rochester, en Angleterre; puis par Brunel pour la fondation de la pile de son pont de Saltash; en Amérique, sur plusieurs rivières, notamment la Great Pee Dee. On y a employé d'abord des anneaux en fonte, qui s'enfoncent graduellement dans le sol à mesure que le déblai intérieur s'opère à leur base. Pour pénétrer dans ces tubes, on se servait d'un *sas à air*, chambre à deux soupapes qu'on manœuvre à la façon des portes d'écluse, et qu'on plaçait au haut de l'appareil. Pour ajouter un anneau à la colonne, il fallait par conséquent démonter le sas, puis le replacer par-dessus le nouvel anneau posé. Ces procédés n'ont pas tardé à être améliorés; au lieu de comprimer l'air dans la totalité de la capacité des tubes, dont les joints ne sauraient présenter une étanchéité absolue, on a ménagé d'abord au centre de la colonne une sorte de cheminée en tôle, qu'on allonge à mesure de l'enfoncement, et qui fait communiquer le sas à air situé en haut, avec la chambre de travail située en bas de la colonne. On restreint ainsi le volume d'air que la machine doit maintenir sous pression, et on réduit d'autant l'importance des fuites. Les ingénieurs américains ont encore perfectionné cette disposition en plaçant le sas à air au bas de la colonne, tout près de la chambre de travail, de sorte qu'il devient inutile de le démonter quand on ajoute une nouvelle assise. On arrive ainsi aisément à travailler à sec dans des profondeurs d'eau considérables; le seul obstacle à l'application de ce procédé aux grandes profondeurs est dans la santé des ouvriers qu'on soumet à des pressions plus grandes que celle de l'atmosphère. Tous les tempéraments ne s'accommodent pas de cet accroissement de pression; et les plus souples demandent encore que la transition entre la pression forte et la pression ordinaire, à la sortie du tube, soit habilement ménagée. Autrement, des accidents très-graves, la mort même, pourraient être la conséquence du changement brusque de pression extérieure[1].

Voici donc, en gros, comment l'opération est conduite. On place les premiers tubes de la fondation dans le lit du fleuve, à l'endroit que la pile doit occuper. La chambre de travail est au fond. On fait jouer les pompes, qui en expulsent l'eau. Les ouvriers y pénètrent par le sas et commencent le déblai; les terres arrachées au fond du lit sont enlevées à mesure par une cheminée spéciale; quelquefois même, des dragues indépendantes fonctionnent dans des puits particuliers, et continuent un déblai auquel les ouvriers restent étrangers. A mesure que le vide se fait dans le terrain au-dessous de la colonne, celle-ci s'enfonce guidée dans son mouvement par l'échafaudage. On l'allonge par en haut d'autant qu'elle descend, de manière à lui conserver toujours le même commandement par rapport aux eaux environnantes. La colonne descend ainsi graduellement, jusqu'à ce qu'elle rencontre le terrain solide sur lequel elle doit être assise. Si la fondation doit être faite sur un banc indéfini d'argile compressible, on bat des pieux au fond du tube, et on donne ainsi pour base à la fondation tubulaire une fondation sur pilotis. Dans tous les cas, on parvient, d'une manière ou de l'autre, à obtenir une colonne métallique pénétrant, par exemple, de 8 à 10 mètres dans le fond du lit de la rivière, et posée sur un terrain naturellement solide, ou solidifié artificiellement. On commence alors à remplir le tube de maçonnerie. Dès que les premières couches de béton sont posées de manière à faire au bas de la colonne un bouchon bien étanche, on démonte le plafond de la chambre de travail, on enlève les cheminées, le sas à air, et on achève la maçonnerie de la colonne en travaillant à l'air libre à l'intérieur du tube, comme on le ferait dans un batardeau.

Tantôt on arrête la fondation à l'étiage de la rivière; elle porte une plate-forme, sur laquelle on élève une pile en maçonnerie. Tantôt on conserve les tubes jusqu'au niveau du pont, et on laisse voir à l'extérieur les colonnes sur lesquelles il est fondé.

Nous avons examiné successivement la voie et les ouvrages sur lesquels elle est portée; notre sujet n'est cependant pas terminé. Si les trains doivent en général suivre les rails d'une voie déterminée, il importe aussi, soit pour les manœuvres des trains dans les gares, soit pour l'accès d'un embranchement, qu'on puisse faire passer les trains d'une voie sur une autre, qu'on puisse les garer sur une voie de service, qu'on puisse ajouter des voitures à un train, ou en enlever, ou retourner bout pour bout un wagon ou la locomotive; enfin, qu'on puisse faire communiquer les voies de départ et d'arrivée avec les remises où l'on rentre, pour les visiter et les réparer, les locomotives et le matériel roulant. On a pour résoudre tous ces problèmes une série d'appareils spéciaux, parmi lesquels nous signalerons les *changements de voies*, les *plaques tournantes*, les *chariots roulants* et les *triangles*.

On a essayé successivement bien des systèmes de changements de voie, depuis les systèmes à *rails mobiles*, qui avaient l'inconvénient d'interrompre la continuité de l'une des voies, et quelquefois de toutes deux, jusqu'au système à aiguilles universellement adopté aujourd'hui. Nous nous conten-

1. M. le docteur Paul Bert a étudié sur des animaux la loi de ces phénomènes, et montré comment on pouvait, jusqu'à un certain point, corriger l'influence physiologique d'une pression exceptionnelle par un changement convenable de la proportion des gaz qui constituent par leur mélange l'air au sein duquel se fait l'expérience.

terons de décrire ce dernier système. Dans tout changement de voie simple, il y a lieu de distinguer la voie *directe* et la voie *déviée,* qui se réunissent ensemble sous un très-petit angle. Le changement à aiguilles consiste à laisser continuer les deux rails extérieurs, appartenant l'un à la voie droite, l'autre à la voie déviée, et à couper au contraire les deux rails intérieurs sur une même traverse, à une distance d'environ 6 mètres du point où le raccordement des deux voies doit s'opérer. Cette longueur de 6 mètres est occupée par une aiguille, c'est-à-dire par un rail dont le champignon supérieur est graduellement amoindri et refouillé, de manière qu'à la pointe il présente une arête vive, qui puisse s'effacer entièrement sous la saillie interne du rail voisin. Chaque aiguille est mobile dans le plan horizontal autour de son talon, et leurs mouvements sont conjugués à l'aide de brides articulées; l'une se ferme quand l'autre s'ouvre. Pour donner à volonté à l'appareil ces mouvements alternatifs, on se sert d'un levier, muni d'un contre-poids que l'aiguilleur peut rabattre d'un côté ou de l'autre; de cette manière, les aiguilles, entraînées toujours par le contre-poids dans un sens déterminé, tendent à s'appuyer sur l'un des deux rails continus, et si l'on a eu soin préalablement d'enlever les pierres et les autres obstacles qui pourraient gêner leurs mouvements, on peut être certain que le changement de voie présentera toujours l'une des aiguilles ouverte au large, et l'autre effacée dans son enclave.

Il est aisé de se rendre compte de ce qui se passe dans ces conditions lorsqu'un train aborde l'aiguillage par la pointe. Les rebords des roues d'un même côté du train passent successivement dans le vide laissé par l'aiguille ouverte, en suivant le rail continu le plus voisin; les rebords des roues de l'autre côté suivent l'autre rail jusqu'à la naissance de l'aiguille; bientôt la pointe est dépassée, et les dimensions croissantes de l'aiguille appuyée contre le rail, agissant à la façon d'un coin très-aigu, font dévier doucement les rebords vers la voie que le train doit prendre. Lorsqu'au contraire, le changement de voie est attaqué dans l'autre sens, les rebords des roues suivent leur voie malgré la présence des aiguilles, qu'ils entr'ouvrent pour se faire un passage. En un mot, le changement de voie par aiguilles mobiles est sans influence sur la marche des trains qui les prennent *par le talon,* et il n'expose à aucun accident les trains qui les prennent *par la pointe,* pourvu que les aiguilles occupent l'une de leurs deux positions extrêmes; le danger de déraillement n'existe que quand un train aborde en pointe une aiguille mal faite, c'est-à-dire, placée dans une position intermédiaire, qui jette les roues d'un côté sur la voie déviée, tout en maintenant les roues de l'autre côté sur la voie droite.

Les changements de voie par aiguilles, inoffensifs quand les trains les prennent dans le sens

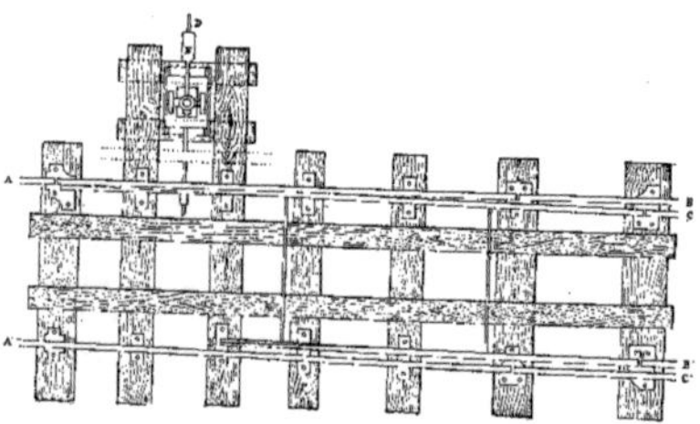

Fig. 31. — Changement à aiguilles inégales.

du talon à la pointe, peuvent donc créer certaines chances dangereuses quand on les prend en sens opposé. C'est pour cela que sur les chemins à deux voies, dans lesquels chaque voie est affectée à la circulation dans un sens déterminé, les changements destinés à réunir une voie à l'autre doivent être établis de manière que les trains ne puissent jamais les aborder qu'en reculant. Les chemins à une voie ne permettant pas un semblable artifice, les aiguilles sur lesquelles les trains doivent passer dans les deux sens doivent être soumises à une surveillance très-active, et les trains ne doivent les franchir qu'à vitesse modérée.

Tout changement de voie entraîne un peu plus loin un croisement de voie, car les rails intérieurs, devant rester parallèles aux rails extérieurs, qui sont divergents, se coupent à une certaine distance du point où les deux voies se séparent. Le croisement de voie se fait en coupant les rails, de manière à laisser libre une ornière pour le passage des rebords des roues. D'un côté du croisement, les deux rails internes, C' et B', se réunissent sous forme de pointe; c'est ce qu'on appelle le *cœur* du croisement. Les rails C, B qui prolongent respectivement au delà de l'ornière libre ces deux premiers rails soudés ensemble, sont eux-mêmes prolongés sur une certaine longueur, sous forme de *contre-rails* r, o, chacun le long du rail de l'autre voie. Le danger du croisement consiste en ce que la roue qui suit un des rails internes peut venir buter contre le cœur, et sortir de la voie en montant sur sa surface. Mais on évite complétement cet accident au moyen de deux contre-rails A, A' placés le long des rails extérieurs en face de la pointe; ces contre-rails, qui laissent entre eux et le rail voisin une ornière égale à l'épaisseur du rebord des roues, font insensiblement appuyer la roue extérieure contre le rail qui doit la conduire, et écartent par conséquent la roue conjuguée de la pointe sur laquelle son rebord pourrait frapper. Les contre-rails internes, en donnant un appui à des points de la jante, contribuent à rétablir une sorte de continuité dans la surface du roulement, malgré la lacune réservée pour ornière dans le rail opposé.

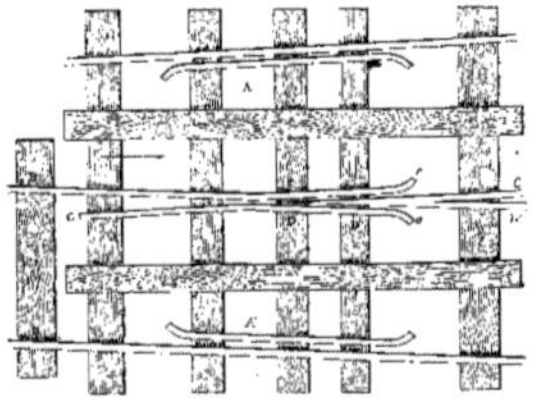

Fig. 32. — Croisement.

Le changement de voie à aiguilles peut être double, c'est-à-dire qu'on peut réunir en un même point les appareils qui donnent accès sur deux voies déviées, en outre de la voie directe; les aiguilles n'ont pas alors la même longueur de chaque côté, et l'aiguille moyenne doit pouvoir s'effacer entièrement, entre l'autre aiguille et le rail continu voisin. Deux leviers, successivement manœuvrés par le même aiguilleur, servent à ouvrir à volonté chacune de ces voies aux trains qui les attaquent par la pointe.

Fig. 33. — Plaque tournante.

Les *plaques tournantes* donnent un autre procédé, très-usité dans les gares, pour faire passer d'une voie à une autre, non pas un train tout entier, mais des locomotives ou des wagons isolés. C'est un des appareils les plus commodes pour la formation et le remaniement des trains. Une plaque tournante est un plateau circulaire, porté sur galets coniques, et mobile dans le plan horizontal autour d'un pivot central. Ce plateau est placé à l'intersection de deux voies à angle droit, ou de trois voies se coupant sous des angles de 60°; sur le plateau on dispose des rails de manière à rétablir la continuité de ces voies interrompues. Un wagon, placé sur une des voies, est poussé sur la plaque tournante; dès que ses roues portent sur le plateau mobile, on le fait tourner sur lui-même jusqu'à ce que les rails qu'il occupe soient venus en prolongement de la voie où l'on veut le transporter; des arrêts, tombant brusquement dans leurs enclaves, avertissent les hommes d'équipe que l'opération est finie. Grâce aux plaques tournantes, on retourne un wagon bout pour bout sur la même voie; on introduit un wagon entre deux autres dans un train déjà formé; on *trie* les wagons d'un train de marchandises, de manière à en préparer la réexpédition dans des directions différentes. De grandes plaques tournantes, réduites le plus souvent à une seule voie, sont installées au centre des halles circulaires de locomotives; elles reçoivent à la fois la locomotive et son tender, et sont mues en général par la vapeur; elles servent aux communications des locomotives entre les voies où elles font leur service, et la remise où elles sont visitées et entretenues.

Dans les contrées où la neige est très-abondante, on reproche aux plaques tournantes d'être trop facilement mises hors de service par l'encombrement des neiges et les fortes gelées. On ne les admet plus que sous les halles couvertes. Alors la composition des trains doit se faire à la machine, au moyen des aiguillages; elle prend beaucoup plus de temps, et impose aux locomotives un excès de parcours regrettable. On est forcé d'avoir recours à un artifice particulier pour retourner les wagons et les locomotives bout pour bout; cet artifice peut s'appliquer à un train tout entier, pourvu que sa longueur n'excède pas la limite du développement des voies dont on dispose. On installe des voies de service dessinant un véritable triangle curviligne ABC, et réunies les unes aux autres par trois changements de voie qui occupent les sommets A, B, C, de la figure. Une voie de garage CD doit prolonger le triangle en son sommet libre C, de manière à offrir aux wagons un espace pour rebrousser. Cela posé, le wagon qui, au lieu de suivre la voie continue EABF, prend la voie ACD, puis rebrousse suivant le tracé DCBF, arrive en F retourné bout pour bout.

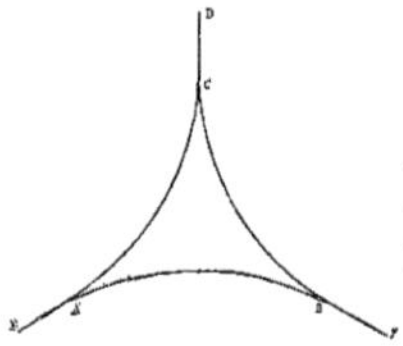

Fig. 14 — Triangle.

Enfin, pour achever la série des procédés destinés aux changements de voie, signalons l'emploi des *chariots mobiles*, mus à bras ou mis en mouvement à l'aide de la vapeur; ils portent un fragment de voie, monté sur des roues qui se déplacent sur des rails spéciaux au fond d'une fosse. On amène le chariot au droit des voies d'un atelier ou d'une remise de voitures; le wagon est poussé sur le chariot, qu'on entraîne au droit de la voie sur laquelle on veut le faire passer.

CHAPITRE II

DE LA LOCOMOTIVE

La *locomotive* est la machine à vapeur appropriée à la traction sur les chemins de fer. Elle comprend, comme toutes les autres machines, un foyer et une chaudière pour la formation de la vapeur, des cylindres où cette vapeur agit sur des pistons, qu'elle pousse alternativement dans un sens et dans l'autre; le mouvement alternatif des pistons communique un mouvement de rotation continu aux roues motrices. L'adhérence ne permet pas à la roue motrice de *patiner* sur le rail : l'effort développé produit donc le déplacement de la locomotive et du train qui s'y trouve attelé.

Les organes de la locomotive se partagent en trois classes distinctes : les uns sont destinés à la production rapide de la vapeur; d'autres ont pour objet d'en assurer le travail et de le transformer dans la progression du train; enfin un certain nombre d'organes accessoires permettent de varier l'allure de la machine, et de lui donner l'élasticité nécessaire à un bon service.

A ces diverses organes qui constituent la machine proprement dite, il faut joindre le *tender,* qui complète la locomotive et porte son approvisionnement en eau et en combustible.

Reprenons un à un les principaux objets signalés dans cette nomenclature. Les organes de la production de la vapeur sont la *chaudière* et le *foyer*.

La chaudière reçoit l'eau qui doit être réduite en vapeur; elle est traversée par des tubes qui partent du foyer, situé à l'arrière de la machine, et vont aboutir à la *boîte à fumée,* placée à l'avant ; les gaz produits par la combustion dans le foyer passent à travers ces tubes, dont ils échauffent les parois ; l'eau qui les baigne extérieurement est ainsi portée à une haute température, et maintenue à l'état d'ébullition. La quantité de vapeur produite dans un même temps croît avec l'intensité du feu, et aussi avec l'étendue des surfaces de contact entre l'eau et les parois des tubes. C'est l'étendue de ce contact qu'on appelle *surface de chauffe* de la chaudière, et c'est pour l'accroître qu'on substitue un grand nombre de tubes de petit diamètre au tuyau unique qui suffirait pour livrer passage aux gaz de la combustion à travers la chaudière. Pour montrer l'influence de cette substitution, dont l'idée remonte à Marc Séguin (1828), une ligne de calcul est nécessaire. Un cercle unique, de $0^{m},50$ de diamètre, a une surface de $0^{m},196350$ et un périmètre de $1^{m},5708$. A ce cercle substituons 100 cercles plus petits, égaux entre eux, de manière à reproduire la même aire de $0^{m},196350$; il faudra donner à chacun un diamètre de $0^{m},05$, qui correspond à un périmètre de $0^{m},15708$, de sorte que les cent tubes auront un périmètre total de $15^{m},708$, dix fois plus grand que le contour du cercle unique. Ainsi le partage d'un tuyau cylindrique en 100 tuyaux plus petits, offrant la même section totale, a pour résultat de décupler la surface de contact entre l'eau de la chaudière et les parois dont la haute température doit la convertir en vapeur.

Les tubes qui traversent la chaudière s'ouvrent dans la boîte à fumée, et les gaz qui les parcourent vont se perdre dans l'atmosphère par la *cheminée* de la machine. Pour les machines fixes on élève la cheminée le plus possible ; outre l'avantage qu'il y a pour la santé publique à éloigner du sol et des habitations les gaz impropres à la vie qui s'échappent des foyers, la hauteur d'une cheminée augmente puissamment son tirage, et contribue à entretenir la marche du feu. La cheminée des locomotives est nécessairement très-basse, et ce n'est pas la différence des pressions de l'atmosphère à son orifice supérieur et au niveau de la grille qui pourrait déterminer un courant d'air bien vif. La différence des températures du foyer et de l'air extérieur agit avec plus d'efficacité et permet l'allumage de la machine. Mais ce qui contribue puissamment au tirage, une fois que la machine est en marche, c'est l'émission par la cheminée de la vapeur qui sort des cylindres. Dans les machines fixes, dans celle de Watt, par exemple, la condensation se fait dans une chambre spéciale, où des injections continuelles d'eau froide maintiennent la température la plus basse possible. Rien de semblable n'est admissible pour les locomotives, et c'est dans l'air même que la condensation doit s'opérer. L'idée de jeter la vapeur après l'échappement dans la cheminée où les gaz ont encore une haute température, a dû d'abord paraître paradoxale, car rien ne semble plus contraire au condenseur à paroi froide de Watt que l'intérieur de la cheminée d'une machine en feu. Mais pour apprécier le travail de la vapeur dans une machine, il faut comparer la température développée dans la chaudière à la température sous laquelle s'opère la condensation, de sorte qu'en relevant suffisamment la première température, on peut maintenir entre celle-ci et la seconde un écart assez grand pour assurer un excellent service à la machine. L'émission de vapeur dans la cheminée influe indirectement sur la marche du feu, et donne un tirage qu'on chercherait vainement par d'autres moyens. On voit du même coup la nécessité des *hautes pressions* pour les locomotives. La condensation se faisant à des températures voisines de 100°, l'emploi de la vapeur à une atmosphère de pression ne laisserait aucun travail disponible ; au contraire, si l'on porte la pression dans la chaudière à 10 atmosphères, ce qui correspond à une température de 182°, l'écart de 82° entre les deux températures extrêmes représente une quantité de travail disponible qu'il n'y a plus qu'à recueillir.

En général, la machine à vapeur utilise d'autant mieux la chaleur produite à grands frais dans le foyer que la pression développée est plus considérable. Contrairement à un préjugé encore bien répandu, les machines à haute pression sont beaucoup moins sujettes aux explosions que les autres, parce que les chaudières éclatent surtout dans le cas d'une surchauffe accidentelle, et que plus la température est élevée, plus ces surchauffes sont rares et difficiles à produire.

La chaudière est mise en communication avec les deux cylindres moteurs par l'intermédiaire du *tuyau d'amenée de la vapeur ;* ce tuyau s'ouvre sous un dôme placé au haut de la machine. Autrefois, on exagérait la hauteur de ce dôme, pour empêcher l'entraînement de l'eau liquide ; on l'a réduit aujourd'hui à des dimensions plus modérées. Le tuyau d'amenée est fermé par une valve appelée *régulateur.* C'est en ouvrant cette valve que le mécanicien donne la vapeur au cylindre et met la machine en mouvement. Le tuyau de prise de la vapeur se bifurque, et débouche dans les *boîtes de distribution* de chaque cylindre. Dans ces boîtes sont placés les *tiroirs,* dont le mouvement alternatif, emprunté au jeu de la machine elle-même, détermine les poussées successives de la vapeur sur chacune des deux faces du piston. Nous reviendrons tout à l'heure sur ce mécanisme ; contentons-nous ici de remarquer qu'au moyen du déplacement d'un tiroir convenablement construit, on peut amener successivement la vapeur de la chaudière à presser chacune des faces du piston, pendant que la vapeur contenue dans le cylindre de l'autre côté du piston communique avec la *culotte d'échappement,* qui lui ouvre une issue dans la cheminée. D'une part, la vapeur prise à la chaudière pousse avec un grand excès de pression le piston dans le sens voulu pour la marche ; de l'autre, la vapeur qui a produit l'oscillation précédente s'échappe librement dans l'atmosphère. Voilà donc le piston assujetti, par le mouvement même du tiroir, à parcourir alternativement dans un sens, puis dans l'autre, toute la longueur du cylindre. Il en est de même pour le second cylindre. Les tiges des deux pistons commandent deux *bielles,* articulées aux extrémités de deux *manivelles* égales, placées à angle droit l'une sur l'autre sur les roues motrices, disposition justifiée par la nécessité d'éviter les *points morts,* et de donner à la machine l'allure la plus égale possible. Des *bielles d'accouplement,* joignant d'une roue à l'autre les extrémités de deux manivelles égales et parallèles, transmettent aux autres roues motrices, s'il y en a plus de deux, le mouvement communiqué à la première par le jeu des pistons.

La locomotive porte sur un certain nombre de roues, qui n'ont pas toute la même fonction. Les unes sont de simples *roues portantes,* comme les roues des wagons ; les autres sont des *roues motrices,* qui reçoivent le mouvement de la machine et qui déterminent la marche. Le nombre des essieux moteurs est réglé d'après l'intensité de l'effort de traction que doit développer la machine. Il est prudent de limiter à 12 tonnes au maximum le poids qui pèse sur un essieu moteur. Au delà, les pressions mutuelles développées pendant la marche, pressions très-variables aux divers instants du tour de roue, endommagent rapidement le rail et produisent dans les bandages des méplats nuisibles à la régularité du roulement. Prenons donc 12 tonnes, ou 12,000 kilogrammes, pour charge d'un essieu moteur. L'adhérence des roues sur le rail a pour limite supérieure le produit de ce poids de 12,000 kilogrammes par le nombre appelé en mécanique *coefficient du frottement,* nombre variable avec l'état des rails, et auquel on peut attribuer une valeur moyenne de 0,08. Le produit, 960, exprime en kilogrammes la valeur de la force capable de faire glisser la roue sur le rail ; un effort plus grand exercé par la locomotive à la circonférence de sa roue motrice aurait pour résultat, non de déplacer le train dans le sens de la marche, mais de faire *patiner* la roue. On voit par là que plus l'effort qu'on demande à une machine est grand, plus elle exigera d'essieux moteurs ; sans quoi le défaut d'adhérence ne permettrait pas d'utiliser la totalité de la puissance de traction. Ainsi les machines à voyageurs n'ont ordinairement qu'un essieu moteur, tandis que les machines à marchandises, qui remorquent des trains extrêmement lourds et composés d'un nombre très-considérable de wagons, en ont généralement trois.

Qu'on ne s'y trompe pas pourtant ; l'adhérence est la *limite supérieure* des efforts utiles développés par la locomotive, mais elle n'intervient en rien pour les produire ; ces efforts résultent uniquement de la construction de la machine, et de la pression que le feu du foyer entretient dans la chaudière. Supposons cette pression connue. A l'inspection seule d'une machine, on pourra déterminer le genre de service auquel elle est destinée, et à l'aide de quelques mesures, évaluer numériquement l'effort maximum dont elle est capable. Les principaux éléments à mesurer sont le *volume du cylindre* et le *rayon des roues motrices.* Il y faut joindre la *surface de chauffe,* si l'on veut évaluer la vitesse que la machine est capable de soutenir indéfiniment sans appauvrissement de sa puissance. A égalité des pressions dans les chaudières, les forces de traction de deux machines sont proportionnelles aux volumes de leurs cylindres, et inversement proportionnelles aux rayons des roues motrices; les vitesses normales de la marche sont au contraire proportionnelles aux rayons des roues motrices, inversement proportionnelles aux volumes des cylindres, et enfin proportionnelles à la surface de chauffe. En comparant ces deux lois, on reconnaît qu'il est impossible de construire une machine qui soit à la fois capable de développer de grands efforts et de marcher à grande vitesse, de sorte que chaque machine a son caractère spécial, et sa destination particulière.

Venons aux organes destinés à varier à volonté l'allure de la machine. Nous avons déjà indiqué le régulateur, valve placée sous la main du mécanicien, qui l'ouvre, la ferme, l'étrangle plus ou moins, et règle ainsi la quantité de vapeur donnée aux cylindres. Le mécanicien dispose également d'un appareil beaucoup plus précieux, au moyen duquel il peut régler la *détente* de la machine, faire varier à la fois l'intensité de l'effort qu'elle développe et la vitesse de la marche, changer le sens de la progression et faire reculer la machine. Sur l'essieu moteur, attaqué directement par les bielles des pistons, sont calés de chaque côté de la machine deux *excentriques* à collier, destinés à transmettre le mouvement oscillatoire au tiroir du cylindre correspondant. L'un de ces excentriques commande la marche en avant, l'autre la marche en arrière. Chacun mène une barre particulière, dont l'extrémité s'articule à une *coulisse* que le mécanicien peut déplacer à volonté, à l'aide du *levier et de l'arbre*

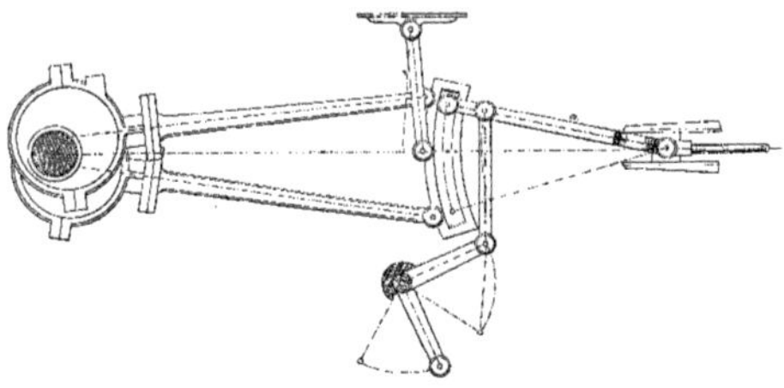

Fig. 35. — Coulisse renversée. — a, Tige articulée commandant le tiroir.

de relevage, le long des flancs de la machine. La coulisse guide un *coulisseau,* formant la tête d'une tige dont le prolongement perce la boîte de distribution latérale au cylindre, et conduit le tiroir. De cette disposition il résulte que le mécanicien peut, en réglant la position de son levier, amener le coulisseau à telle position qu'il voudra sur la coulisse ; le mouvement du coulisseau, dans cette position, participe du mouvement des deux excentriques, et subit principalement l'influence de celui dont il est le plus voisin. Grâce à cet artifice, dont l'idée est due à Stephenson, et qu'on a depuis varié de bien des manières, on accroît, on diminue à volonté la détente de la vapeur dans le cylindre, on renverse la distribution, on amène le coulisseau d'un bout à l'autre de sa course, et on peut ainsi transformer la locomotive, appareil de traction, en un puissant moyen d'arrêt. De grands progrès ont été récemment accomplis dans la solution de ce dernier problème, et divers perfectionnements rendent aujourd'hui facile et inoffensive une manœuvre de détresse qui autrefois n'était pas sans préjudice pour la machine, ni sans danger pour le mécanicien. Autrefois, quand on renversait la vapeur, le piston, continuant son mouvement, puisait dans la boîte à fumée les gaz chauds et encore pleins d'escarbilles incandescentes échappées du foyer; il refoulait ce mélange dans la chaudière, au grand détriment des garnitures du cylindre et de l'alésage de sa surface intérieure. C'est sur les fortes pentes de la traversée du Guadarrama (ligne du Nord de l'Espagne), que l'on imagina d'affecter à cette distribution renversée un tube spécial, le *tube d'inversion*, qu'il suffit d'ouvrir pour que la vapeur de la chaudière afflue dans le cylindre par le conduit d'échappement; la vapeur qui pénètre ainsi dans le cylindre, au lieu de presser le piston dans le sens de la marche, fait obstacle à son mouvement, tandis qu'il continue à être mené par les roues motrices. La distribution, commandée par l'excentrique de la marche en arrière, amène toujours la vapeur dans la région que le piston tend à envahir, de sorte qu'elle agit à la façon d'un frein : le piston refoule cette vapeur dans la chaudière en la chassant par les lumières d'admission. En résumé, le tube d'inversion et le tuyau de prise de vapeur fournissent un moyen sûr de faire agir à volonté la vapeur, soit comme puissance motrice, soit comme résistance.

C'est à Le Châtelier et à M. Ricour qu'on doit ce perfectionnement capital des machines à vapeur, sans qu'on puisse dire exactement lequel de ces deux habiles ingénieurs en a eu la première idée. Depuis, diverses améliorations de détails ont complété cette invention. L'une des principales est la substitution d'un appareil à vis au levier de manœuvre de l'ancienne coulisse; grâce à ce nouveau perfectionnement, qui est dû à M. Marié, le mécanicien conduit sa machine sans avoir à craindre, comme autrefois, le déclanchement subit du levier; il règle la détente avec une grande douceur, et entre ses mains la contre-vapeur devient le plus puissant et le moins brusque des freins à l'entrée des gares et à la descente des rampes. La chaudière ne dépense rien pendant l'emploi de la contre-vapeur, puisque toute la vapeur qu'elle donne aux cylindres y rentre après avoir rempli son rôle de matelas résistant; elle se trouve donc en pleine pression lorsque les efforts de traction doivent reprendre, de sorte que ce mode d'enrayage a cette supériorité sur tous les autres, qu'il se résume pour ainsi dire en une économie de puissance motrice, tandis que les autres consistent dans le développement d'une résistance accessoire, qui détruit en pure partie la force vive produite à grands frais par le travail antérieur de la machine.

Chaque coup de piston, dans le mouvement normal de la machine, verse dans l'atmosphère un certain volume de vapeur pris à la chaudière; la chaudière s'appauvrirait bien vite, si on ne lui rendait un poids d'eau égal au poids de vapeur ainsi dépensé. Un tube en verre, placé sous les yeux du mécanicien, lui montre constamment le niveau de l'eau à l'intérieur de la chaudière. Dès que ce niveau vient à s'abaisser au-dessous d'un certain point, il doit faire passer dans la chaudière un volume d'eau égal à celui qu'elle a perdu. Il emploie pour cet usage l'eau que le tender contient en réserve. On s'est longtemps servi pour cela d'une pompe ordinaire, mise en mouvement par la machine elle-même; chaque tour de roue faisait rentrer dans la chaudière une quantité d'eau égale à celle qu'elle perdait sous forme de vapeur. Par contre, l'alimentation au repos était presque impossible, et à moins d'appareils spéciaux, il fallait faire circuler la locomotive sur les rails d'une gare pour obtenir le jeu de la pompe alimentaire. Aujourd'hui, on emploie pour l'alimentation des chaudières de locomotives ou de machines fixes, l'*injecteur Giffard*, appareil extrêmement remarquable en ce qu'il ne renferme aucun mécanisme, et qui, moyennant un jet de vapeur, fait pénétrer dans la chaudière une abondante veine liquide. C'est une des applications les plus ingénieuses du principe d'hydraulique découvert par Venturi, en vertu duquel l'écoulement rapide d'un fluide peut, dans certaines circonstances, produire une aspiration. La chaudière renfermant déjà la vapeur, on ouvre le tuyau de l'injecteur; l'aspiration se produit aussitôt, et la veine liquide provenant du tender entre dans la chaudière en soulevant un clapet, mélangée avec la vapeur dont l'émission a suffi pour produire ce singulier phénomène.

La théorie de la locomotive soulève une foule de questions intéressantes, dont les unes appartiennent à la mécanique, les autres rentrent dans le domaine de la chimie. La chimie étudie la conduite du feu, le choix du combustible, la disposition du foyer et des tubes, toutes particularités qui ont une grande influence mécanique, comme pour montrer les liens intimes qui unissent les diverses ciences : on po[illegible] prévoir l'époque où la chimie sera un chapitre particulier de la dynamique. Pour

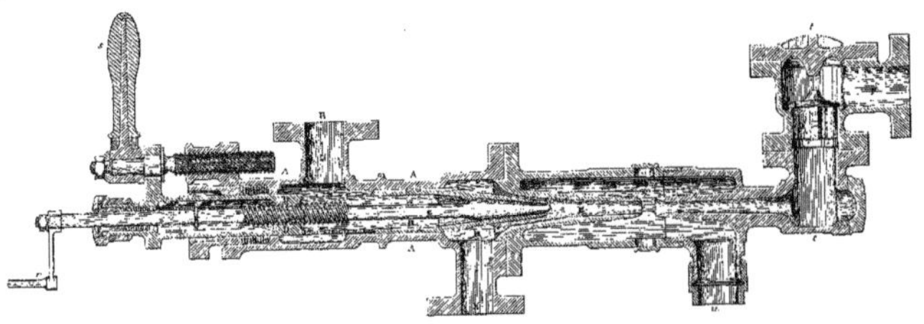

Fig. 36. — INJECTEUR GIFFARD. — A, Partie fixe de l'appareil. — B, Tuyau par lequel le jet de vapeur sort de la chaudière. K, Tuyau d'aspiration de l'eau. — E, Aiguille qu'on engage plus ou moins dans la tuyère H, pour amorcer l'appareil, à l'aide de la manivelle R commandant la vis D. S, Manivelle qui sert à régler la position de la tuyère. u, Trop plein pour l'évacuation de l'eau qui manque l'entrée du tuyau divergent. — T, Entrée de la chaudière, en soulevant la soupape D'

indiquer un autre exemple des problèmes qu'entraîne la construction d'une locomotive, signalons la question de leur *stabilité*. Qu'on observe de près une locomotive parcourant une voie ferrée avec une vitesse suffisamment grande. On verra qu'elle subit des oscillations dans tous les sens : si l'on est placé dessus, on sentira mieux encore les divers mouvements de *tangage*, de *roulis*, de *galop*, de *lacet*, que la marche précipitée des pistons provoque dans toute la machine. Ces mouvements oscillatoires ont l'inconvénient de fatiguer la voie, de laminer inégalement les rails, et de prédisposer aux déraillements. On les corrige en partie au moyen de *contre-poids* fixés sur certains rayons des roues motrices; mais il n'existe aucun procédé vraiment pratique de les annuler tous à la fois. L'équilibre de la machine n'en est pas moins assuré, mais c'est par l'intervention des rails qui restreignent les écarts qu'elle tend à prendre. La stabilité de la machine sur les rails exige qu'on règle avec une extrême précision les poids qui pèsent sur tous les essieux, moteurs ou autres. On y parvient en réservant des ressorts à la jonction de la machine et des essieux; on les règle avant de mettre la locomotive en service, en leur donnant le degré de tension qui correspond à la distribution convenable du poids total de la machine entre ses divers points d'appui, ce qu'on vérifie aisément à l'aide d'une bascule. En général, l'essieu d'avant doit être assez chargé pour qu'il ne puisse pas sortir des rails, quel que soit le soulèvement accidentel que subisse l'avant de la machine.

Le *tender*, attelé derrière la locomotive, communiquant avec la chaudière par le tuyau d'alimentation, comprend une plate-forme qui prolonge celle de la machine, une caisse à eau qu'on remplit à toutes les stations où il existe une alimentation, et une provision de combustible. Les machines brûlent tantôt du coke, tantôt de la houille crue, ou bien encore les charbons artificiels connus sous le nom d'*agglomérés*, ou enfin du bois dans certains pays. Le même poids de ces divers combustibles a des pouvoirs calorifiques différents, ce qui motive pour les machines et les tenders des dispositions particulières. Par exemple, une locomotive au bois doit avoir une plus grande grille qu'une locomotive à la houille, et sa cheminée doit renfermer un appareil destiné à arrêter les flammèches, qui sèmeraient l'incendie sur toute la zone voisine de la voie ferrée. Le tender d'une machine au bois doit être plus grand que le tender d'une machine à houille; car à volume égal, le bois a une puissance calorifique beaucoup moindre que le charbon de terre.

Les roues des tenders sont en général de simples roues portantes; cependant, sur certains types particuliers, on fait communiquer le mouvement des roues de la locomotive à celles du tender, de manière à utiliser l'adhérence de celles-ci. C'est seulement sur les pentes fortes qu'on a recours à un tel artifice. Dans les voies peu accidentées, le tender ne contribue pas à la traction, et il reçoit au contraire un frein qui permet au chauffeur d'enrayer le train en empêchant la rotation de ses roues.

La conduite d'une locomotive exige de la part du mécanicien une attention soutenue, une surveillance continuelle de la voie et de la machine, beaucoup d'expérience et de tact, enfin la connaissance intime des propriétés spéciales de la machine particulière qu'il conduit. Les machines ont beau se ressembler, chacune a son caractère individuel; sous l'influence des grandes vitesses qu'elles reçoivent, et qui soulignent les moindres imperfections de leur ajustage, en même temps qu'elles donnent aux masses en mouvement l'apparence de propriétés nouvelles, la machine devient comme un être animé : elle a ses préjugés et ses caprices, et exige qu'on en use avec elle avec égards. Brusquez-la, elle se jettera avec vous hors des rails. Il importe donc que le mécanicien étudie de près l'animal mystérieux qu'il est appelé à diriger, et qu'une longue intimité établisse entre eux des rapports sûrs et faciles.

Nous avons déjà indiqué l'influence des dimensions des machines sur les services qu'elles peuvent rendre. On distingue trois types principaux de locomotives : les *machines à voyageurs*, les *machines à marchandises*, les *machines mixtes*. Les machines à voyageurs se reconnaissent à leurs grandes roues motrices, dont le diamètre atteint et dépasse souvent 2 mètres. Une variété particulière, connue sous le nom de *machines Crampton*, présente des roues de $2^m,20$ de diamètre, dont l'essieu est rejeté

Fig. 17. — Locomotive à grande vitesse, système Crampton.

en arrière de la chaudière, sans quoi il aurait à traverser le corps cylindrique. C'est le type des grandes vitesses; quant à l'effort développé, il ne peut être bien grand, surtout avec les machines Crampton dont l'essieu moteur, placé en porte-à-faux, ne subit pas une pression considérable, ce qui réduit d'autant son adhérence sur le rail. Aussi, maintenant, préfère-t-on généralement perdre sur le diamètre des roues motrices, et faire passer l'essieu sous la chaudière, en accouplant ensemble deux roues motrices, ce qui assure à la machine en toute circonstance une adhérence bien suffisante.

Les machines à marchandises ont en général trois petites roues motrices couplées ensemble, de manière que le poids total de la machine soit utilisé pour l'adhérence. Les cylindres moteurs ont un gros volume, et sont placés plus bas que dans les machines à voyageurs; car on doit les mettre à peu près à la même hauteur que le centre des roues qu'ils actionnent. Les machines mixtes sont intermédiaires entre ces deux types extrêmes, et se reconnaissent facilement au diamètre moyen des roues.

Mais cette classification suppose un chemin de fer dans des conditions ordinaires, avec des inclinaisons limitées, et des courbes de grand rayon. Des types spéciaux de machines ont été créés pour les circonstances exceptionnelles où la machine doit réunir à la fois une certaine flexibilité et une grande adhérence. Comme nous l'avons dit plus haut, on a songé d'abord à utiliser l'adhérence du tender, ce qui peut se faire de deux manières : soit en adaptant au tender des cylindres moteurs et tout le mécanisme de la distribution, et en envoyant à ces cylindres la vapeur prise à la chaudière de la locomotive; soit en communiquant le mouvement des roues de la machine à celles du tender, solution qui paraît préférable. La difficulté du problème résulte de la flexibilité que doit conserver l'ensemble de la machine et du tender dans le plan horizontal. L'accouplement direct détruisant cette flexibilité, il a fallu recourir à d'autres moyens. Après avoir essayé sans grand succès des chaînes sans fin, on y a bientôt substitué un *faux essieu*, qui ne porte pas de roue, et auquel on laisse un certain jeu horizontal. Ce faux essieu est mis en mouvement par une bielle qui prolonge celle de la locomotive; une seconde bielle descendant verticalement va mener les manivelles des roues du tender, et la transmission n'est pas troublée par une légère déviation angulaire du tender par rapport à la machine. Dans la locomotive Rarchaert, qui a quatre essieux moteurs séparés en deux groupes, les cylindres mettent en mouvement un faux essieu, et ce faux essieu, au moyen d'une bielle située dans le plan moyen de la machine, communique le mouvement à chacun des deux groupes d'essieux; chaque groupe forme un chariot réuni à la machine par une cheville ouvrière, de sorte qu'ils peuvent l'un et l'autre prendre telle obliquité que demande la voie, sans nuire à la transmission. Aussi cette machine passe-t-elle dans des courbes de 50 mètres de rayon. La machine Steierdorf, qui comprend cinq essieux moteurs, dont deux pour le tender, passe dans des courbes de 113 mètres. La machine Engerth, à trois essieux moteurs pour les machines de voyageurs, à quatre pour les machines à marchandises, passe dans les courbes de 190 mètres du Semmering, sans aucune articulation; un jeu longitudinal de 20 millimètres pour le dernier essieu suffit pour donner au système des roues la flexibilité convenable. Un artifice analogue se rencontre dans la machine Beugniot, employée sur les courbes du chemin de fer de Bologne à Pistoie.

Dans d'autres circonstances, on n'a en vue que d'augmenter la force de traction et l'adhérence qui en est la limite. Dans la machine à quatre cylindres du chemin du Nord, type créé par Petiet, on trouve six essieux moteurs, partagés en groupes de trois. La machine ne marche ordinairement qu'avec deux cylindres; on ne donne de la vapeur aux deux autres que quand il est nécessaire de développer de grands efforts, comme, par exemple, pour faire remonter une longue rampe à un train pesamment chargé.

Enfin certains types servent aux manœuvres de gare. Ce sont en général des *locomotives-tenders*, qui ont seulement deux essieux, tous deux moteurs; elles sont assez courtes pour pouvoir tenir sur une plaque tournante, de manière à passer d'une voie à l'autre aussi facilement qu'un wagon.

Les chemins à crémaillère, tels que celui du Rigi, qu'on a répété au Kahlenberg, près de Vienne, et dont l'idée est empruntée à l'Amérique, exigent aussi leur type spécial de machine. La locomotive du Rigi est portée sur les rails par l'intermédiaire de quatre roues de petit diamètre. La roue motrice est dans le plan moyen de la machine; c'est une roue dentée, dont les saillies engrènent dans les creux d'une crémaillère très-résistante, fondée à demeure au milieu de la voie. L'aspect de cette machine dans la petite gare de Vitznau est des plus bizarres; les lignes qu'on est habitué à voir horizontales plongent du côté de la montagne : la cheminée est inclinée du quart sur la verticale. La machine est construite en effet pour être droite sur la pente qu'elle doit parcourir. Quand elle est en mouvement, on est surpris de la rapidité des coups de piston, surtout en considérant la lenteur de la marche du train. La transmission du mouvement du piston à la roue dentée a pour effet de ralentir le mouvement, au lieu de l'accélérer, comme cela a lieu ordinairement dans les machines. La vitesse de la progression doit être faible, car le travail à développer le long de cette rampe d'un quart est énorme; mais le bon service de la machine exige, comme nous l'avons dit, un écoulement assez rapide de la vapeur, sans quoi le feu ne tarderait pas à s'éteindre. De là la nécessité de précipiter les coups de piston tout en marchant avec lenteur, condition satisfaite par la construction de la machine. La locomotive du chemin de fer du Rigi n'est pas attelée au wagon qu'elle conduit, elle le pousse par derrière; l'inclinaison de la voie suffit et au delà pour maintenir constamment le contact entre les deux véhicules. Le chemin de fer, qui a 8,300 mètres de longueur, est coupé en tronçons par trois stations, où l'on renouvelle la provision d'eau de la locomotive.

Les machines fixes ne sont plus guère employées dans l'exploitation, cependant on en rencontre çà et là quelques exemples. Le plus ancien et le plus remarquable est celui des plans inclinés de Hans, près de Liége, en Belgique. Une machine à vapeur, placée au milieu de pente, met en mouvement un câble sans fin, auquel est attelé le train montant. Quand le train a franchi la première moitié de la rampe, il parcourt le palier horizontal de la station en abandonnant le câble qui l'a élevé jusqu'à cette hauteur. Aussitôt après, il est repris par un second câble, celui de la seconde moitié de la rampe, qu'il gravit avec la même vitesse et par le même procédé. Les plans inclinés de Hans ont 1,980 mètres de longueur chacun, et présentent une rampe totale de 110 mètres.

On voit encore des câbles sans fin destinés à monter de fortes inclinaisons : à Lyon, pour gravir le coteau de la Croix-Rousse; près de Vienne, en Autriche, pour monter au Léopoldsberg; à Buda-Pest, en Hongrie, pour faire communiquer l'extrémité du pont suspendu établi sur le Danube avec la grande place qui domine la rive droite de ce fleuve. Enfin, on établit à Constantinople, entre Péra et Galata, un chemin de fer souterrain de 635 mètres de long, où la traction sera faite à l'aide d'un câble et d'une machine fixe.

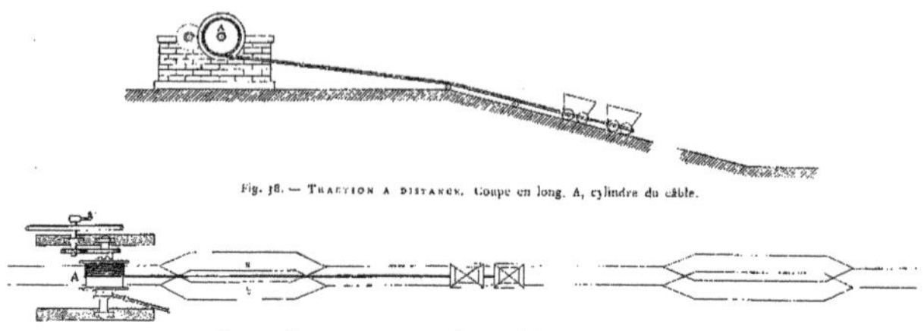

Fig. 38. — Traction a distance. Coupe en long. A, cylindre du câble.

Fig. 39. — Traction a distance. Plan. A, cylindre. a, b, voies d'évitement.

Au lieu d'un câble, on peut se servir de la pression atmosphérique, et transformer la machine fixe sur les tambours duquel le câble s'enroule, en une pompe d'épuisement analogue à la machine pneumatique. On installe au-dessous de la voie, entre les deux rails, un tube métallique continu, dans lequel se meut un piston. Ce piston est relié à la tête du train au moyen d'une tige, qui sort du tube par une fente ménagée suivant son arête supérieure. Des précautions très-minutieuses sont prises pour maintenir cette fente exactement fermée sur toute la longueur où l'on doit faire le vide. Une machine épuise l'air contenu dans le tube, et l'excès de pression qui s'exerce sur la face postérieure du piston détermine la marche du train. Ce système a été quelque temps adopté pour faire franchir aux trains la rampe qui s'élève des bords de la Seine à la terrasse de Saint-Germain. Puis le perfectionnement des locomotives a permis de remonter cette rampe sans recourir à l'emploi toujours dispendieux d'une machine fixe. Aujourd'hui le système atmosphérique n'est plus employé que pour les trains de petite section qu'on peut loger à l'intérieur du tube. On évite ainsi à la fois la résistance de l'air et les fuites causées par la fente longitudinale destinée au passage de la tige. Un seul inconvénient demeure, celui de la traction à distance, et de l'énorme réduction que subit en conséquence la partie utilisée de l'effort développé par la machine. L'emploi de l'air comme moteur paraît limité aujourd'hui aux transports d'objets de faible poids, le long de tubes à l'intérieur desquels ils font piston.

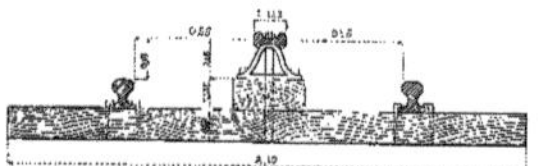

Fig. 40. — Coupe de la Voie Fell, à rail central.

La figure 40 représente la coupe en travers d'une voix provisoire, de $1^m,10$ entre les rails, établie par M. Fell sur l'un des accotements de la route du mont Cenis pendant la construction du tunnel de Modane. Cette voie comprend, entre les deux rails qui guident le mouvement, un troisième rail central, posé à plat, dont l'objet est à la fois de faire obstacle aux déraillements dans un chemin à courbes raides et à fortes pentes, et de fournir à la locomotive un surcroît d'adhérence pour gravir la rampe. La locomotive, dans ce système, a huit roues dont quatre verticales prenant un point d'appui, comme à l'ordinaire, sur les rails extérieurs, et quatre horizontales, embrassant le rail central avec une pression qu'on est maître d'augmenter à volonté, et agissant sur lui à la façon d'un laminoir. Cette idée ingénieuse n'a pas complétement réussi dans la pratique; mais elle n'en a pas moins eu son utilité pendant la construction du grand tunnel, aujourd'hui livré à l'exploitation.

Signalons enfin l'essai bien hardi d'un nouveau système de locomotion imaginé par Girard, et qui, dans la pensée de l'auteur, devait transformer toutes les voies ferrées existantes. Le moteur est l'eau, lancée par des tuyaux contre des aubes courbes attachées sous les wagons. Au lieu d'être portés par des roues, les wagons sont montés sur des patins qui glissent sur les rails; une couche d'eau injectée sous pression entre les deux surfaces en contact diminue les frottements. Tel est le résumé du chemin de fer essayé il y a quelques années à la Jonchère. La complication de l'ajustage des tuyaux, que les wagons en passant doivent successivement ouvrir et refermer, la difficulté de faire affluer constamment l'eau entre les patins et le rail, enfin l'usure considérable que le frottement produit dans de semblables conditions, ne permettaient pas d'espérer beaucoup de succès pour ce système, qui paraît abandonné aujourd'hui.

CHAPITRE III

DES WAGONS

La forme et la disposition des wagons varient avec le genre de transports qu'ils sont destinés à effectuer. On les partage en deux grandes classes : wagons de voyageurs, wagons de marchandises. Les wagons de voyageurs comprennent des voitures de première classe, des voitures de seconde classe, de troisième, des voitures mixtes, des voitures de luxe, des voitures pour le service de la poste, etc. Les

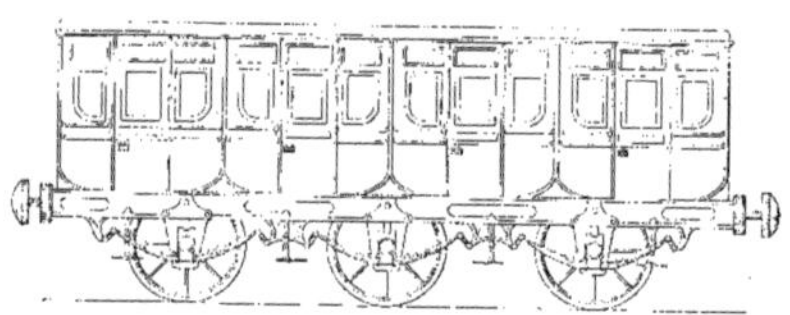

Fig. 41. — Voiture de 2e classe à trois essieux.

wagons de marchandises comprennent un aussi grand nombre de variétés : fourgons, plates-formes, wagons pour le transport de la houille, wagons pour le transport des bêtes à cornes, des chevaux, des moutons, pour le transport des longues pièces de bois.....

Quelle que soit sa destination, le wagon est porté sur deux et quelquefois sur trois essieux parallèles,

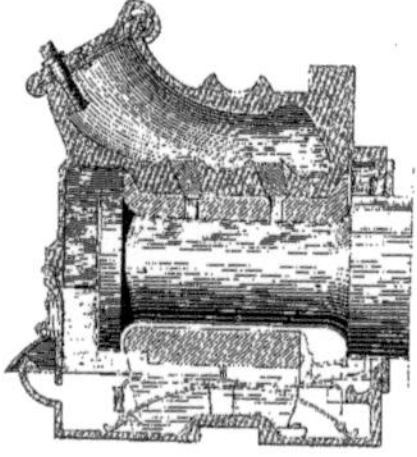

Fig. 42. — Fusée et boite à graisse. Coupe en long.

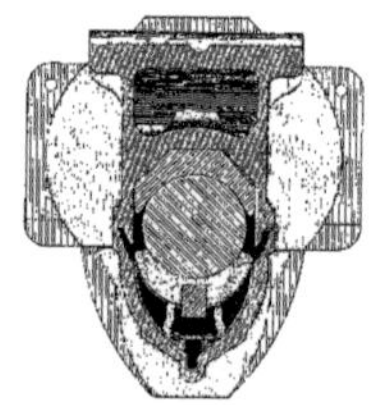

Fig. 43. — Boite à graisse. Coupe en travers.

et repose sur un châssis en bois ou en fer. Divers ressorts servent à rattacher ensemble les roues au châssis, comme aussi à rattacher les wagons entre eux, de manière à adoucir leurs chocs mutuels.

L'essieu n'a pas en général une forme cylindrique. Son diamètre est un peu plus grand près du *calage* des roues qu'au milieu de la portée; de ce point aux deux extrémités, la section augmente graduellement, de manière à dessiner un double cône. Cette disposition, qui ne doit pas être exagérée, a pour but de renforcer l'essieu à l'endroit où il a le plus de chance d'être rompu, c'est-à-dire près des points où il reçoit la poussée des roues. Au delà du calage, on trouve de chaque côté la *fusée,* cylindre de diamètre réduit, armé d'un collet, qui s'engage dans les *boîtes à graisse,* et joue le rôle des tourillons d'un arbre tournant. La boîte à graisse porte sur la fusée de l'essieu; elle est attachée au milieu d'un ressort élastique à lames d'acier, dont les extrémités sont fixées au châssis. Enfin, la boîte à graisse est comprise entre deux *plaques de garde* en tôle, attachées aussi au châssis; cet obstacle prévient toutes les oscillations des ressorts dans le plan horizontal, de sorte que la boîte à graisse a seulement la liberté de monter et de descendre le long de l'échancrure de la plaque. Les ressorts des voitures sur routes laissent à la caisse une liberté bien plus étendue.

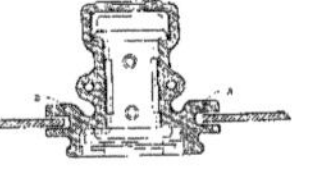

Fig. 44. — Boite a graisse et Plaques de garde, *a*. Plan.

Outre ces ressorts qui servent à relier le châssis aux boîtes à graisse et aux essieux, on introduit dans le châssis lui-même d'autres ressorts horizontaux, qui reçoivent l'action des *barres d'attelage* et des tiges des *tampons de choc.* Les barres d'attelage sont de simples barres qui traversent le châssis et se terminent par un crochet ouvert vers le haut. Pour atteler, on réunit les deux crochets de deux wagons voisins par un double anneau articulé, au milieu duquel une vis à pas renversés permet de régler à volonté le serrage. Ces barres, au lieu d'agir directement sur la charpente du châssis, pressent un ressort, ce qui rend beaucoup moins brusques les variations des pressions exercées. En même temps les wagons sont armés de tampons, par lesquels se touchent les châssis successifs. Pour les wagons de marchandises, ce sont de simples matelas élastiques, quelquefois même le tampon est supprimé tout à fait, et le prolongement des longerons du châssis forme un simple heurtoir très-raide, qui ne contribue guère à adoucir les chocs. Pour les wagons de voyageurs au contraire, on emploie de vrais tampons, avec une tige en fer qui s'engage dans le châssis, et dont l'extrémité commande le bout des ressorts d'attelage. A l'aide de la vis à pas renversés des barres d'attelage et des tampons munis de ressorts, on peut amener les wagons à se toucher mutuellement, en subissant une réduit pression mutuelle; ce mode d'attelage crée entre tous les wagons une sorte de solidarité, qui légère les oscil-

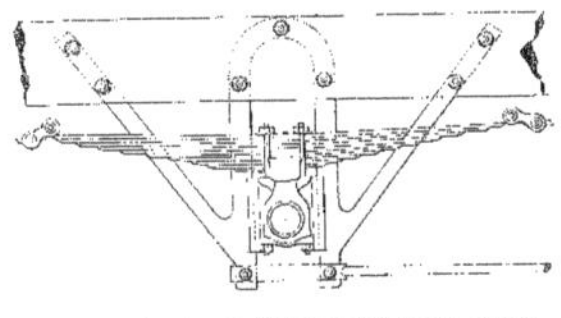

Fig. 45. — Ressort et Plaque de garde pour wagon de marchandises. Élévation latérale.

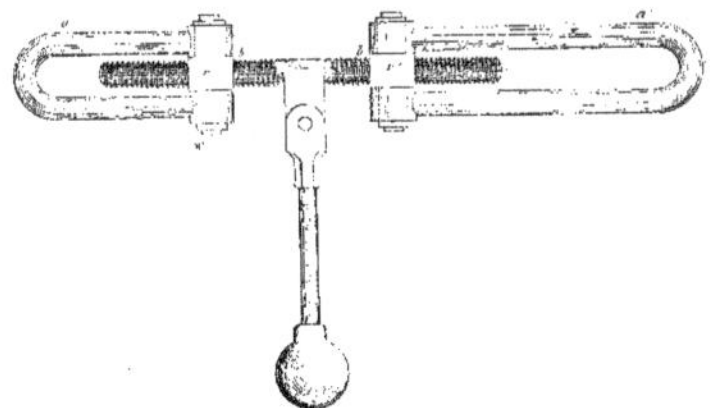

Fig. 46. — Vis a pas renversés. *a*, *a'*, anneaux articulés; *b*, *b'*, vis; *c*, *c'*, écrous faisant corps avec les anneaux.

lations que chaque wagon tend à prendre pendant la marche, et qui évite notamment le *mouvement de lacet*[1], allure si fatigante pour les voyageurs. Enfin des chaînes de sûreté complètent l'attelage pour le cas où les barres subiraient en route quelque avarie.

Tout le monde connaît la disposition ordinaire des voitures pour le transport des personnes. Les diverses classes ne diffèrent les unes des autres que par le degré de confortable qu'elles offrent aux voyageurs. Ainsi la troisième classe présente des compartiments nus, où l'on s'assied sur le bois, et ces compartiments

1. Le mouvement de lacet résulte de la conicité donnée aux bandages des roues. Dès que le wagon est dérangé de la position moyenne qu'il doit occuper sur la voie, il porte sur les deux rails par des circonférences de rayons inégaux. Il en résulte une tendance de l'essieu à tourner, de manière à diminuer le rayon de la plus grande circonférence de contact et à augmenter le rayon de l'autre; ces alternatives, qui jettent le wagon tantôt à droite, tantôt à gauche, peuvent se prolonger très-longtemps, si la rigidité de l'attelage ne fait obstacle à la continuation de ce mouvement oscillatoire.

ne sont séparés les uns des autres que par des cloisons en bois qui ne s'élèvent pas jusqu'au plafond de la voiture; de sorte qu'un wagon de troisième classe peut renfermer jusqu'à quarante personnes, assises sur huit bancs, et pouvant communiquer ensemble. Dans la seconde classe, les compartiments sont isolés; les bancs sont rembourrés, mais il y a encore cinq places de voyageurs par banc, et les cloisons sont verticales. La première classe n'admet que quatre places par banc; les places sont plus larges, elles offrent aux bras des voyageurs des appuis horizontaux, et s'évasent par le haut, grâce au renversement des parois, ce qui contribue plus qu'on ne peut croire au bien-être d'un voyage. Enfin les places de luxe comprennent les coupés, les wagons-salons, les wagons-lits, etc.

Les voitures spéciales de la poste ont un poids et un volume bien supérieurs à ceux des wagons ordinaires. Ce sont de vrais bureaux, où les employés de la poste font une partie de leur service, et où les lettres, les imprimés, les échantillons et petits paquets introduisent chaque jour un énorme chargement. Les bureaux sont éclairés par des lampes pendant la nuit; les employés y ont leurs casiers, leurs tables, leurs tabourets. Tout va bien tant que le train n'éprouve pas d'accident. Mais s'il se produit un choc, ou même un simple déraillement, le wagon-poste est en général un de ceux qui souffrent le plus : tabourets, tables, casiers, lampes et employés roulent pêle-mêle dans toute l'étendue de la voiture.

Les *fourgons* sont des voitures fermées, ayant généralement un frein, et dans lesquels on porte la messagerie et les bagages des voyageurs. Ce sont des voitures de service, qui reçoivent seulement des marchandises, mais qui sont introduites dans les trains de voyageurs. Toute voiture n'est pas propre à entrer dans les trains de grande vitesse; si les fusées de ses essieux ont un trop petit diamètre, disposition avantageuse en ce qu'elle réduit le travail du frottement, l'emploi de cette voiture dans un express exposerait les essieux à *chauffer,* accident qui peut avoir pour conséquence une rupture. Il est donc essentiel d'avoir des fourgons spéciaux pour les trains rapides.

Les wagons de marchandises présentent une variété pour ainsi dire indéfinie. Tout dépend du genre de transport qu'on veut effectuer. Veut-on transporter des matériaux de construction, du matériel agricole, ou des engins d'artillerie, on se servira de plates-formes; tantôt il suffira d'y déposer le chargement, comme, par exemple, s'il s'agit de transporter de gros blocs de pierre à bâtir; tantôt il faudra l'attacher solidement au châssis, pour éviter les mouvements dus aux trépidations de la marche; tantôt encore, il faudra le *bâcher,* c'est-à-dire le recouvrir d'un prélart, autant pour éviter les déperditions de matière que les chances d'incendie pendant la route. Les chaises de poste, amenées par des chevaux sur un quai à la hauteur des plates-formes, sont poussées à bras d'hommes sur ces wagons, puis calées et attachées soigneusement. Pour le transport des bœufs, on a de grands wagons-étables, suffisamment aérés pour qu'on puisse y laisser séjourner un grand nombre d'animaux sans perdre de place. Les wagons-écuries, pour le transport des chevaux, sont construits avec un peu plus de luxe; on y ménage ordinairement un petit compartiment où se tient le palefrenier. Les toucheurs de bœufs, au contraire, ne sont pas réunis pendant le transport au bétail qu'ils conduisent, et qu'ils se contentent de visiter aux stations. Des wagons particuliers sont destinés au transport des moutons; on les entasse dans des cages en treillis, partagés en deux étages par un plancher étanche. D'autres types sont affectés au transport du lait; chaque matin des trains entiers de lait apportent à Paris la ration destinée à la consommation de la journée. Le transport des longues pièces de bois exige aussi un matériel spécial. Ce sont des plates-formes munies à leur centre d'un support qui s'y réunit par une cheville ouvrière. Les pièces de bois sont attachées à ces supports; un timon articulé assure la liaison des deux plates-formes à la distance réclamée par la longueur des poutres. Les chevilles ouvrières permettent aux plates-formes de prendre une certaine obliquité par rapport à la ligne qui réunit leurs centres, de manière à passer dans les courbes malgré la rigidité du chargement. Nous verrons tout à l'heure l'application du même principe à la construction du matériel américain. Les matières inflammables ou explosibles sont transportées dans des fourgons entièrement fermés, et des précautions sont prises pour éviter les chances d'incendie.

Les *freins* sont les organes les plus importants d'un train de wagons. Il y en a de plusieurs espèces. Nous avons déjà fait connaître le parti qu'on pouvait tirer de la locomotive comme moyen d'arrêt, à l'aide du renversement de la vapeur. Les autres procédés pour arrêter ou ralentir la marche comprennent les freins particuliers des voitures, mis en mouvement par un agent spécial, et les divers systèmes de freins généraux, qu'on parvient, au moyen d'un mécanisme particulier, à étendre aux roues de tous les wagons. En général, le frein consiste en un sabot en bois qui presse fortement contre la jante d'une paire de roues; le frottement déterminé par cette pression à la surface des roues réduit graduellement leur vitesse de rotation; bientôt elles s'arrêtent, et au lieu de rouler sur le rail, elles glissent à sa surface, en développant un nouveau frottement, celui de fer sur fer, le seul qui contribue à réduire la vitesse de progression du train. Il y a donc dans l'enrayage deux périodes : la première, pendant laquelle le sabot réduit graduellement jusqu'à zéro la rotation de la roue qu'il vient toucher; la seconde, pendant laquelle la roue, rendue immobile, glisse sur le rail jusqu'à l'arrêt. La distance franchie par le train depuis le commencement de l'enrayage jusqu'à l'arrêt dépend de la vitesse de la marche, de la déclivité de la voie, du rapport du *poids enrayé* au poids total du train, enfin du degré d'humidité des rails. Par *poids enrayé*, on entend la portion de poids qui pèse sur les roues enrayées; cette portion est la seule qui contribue à

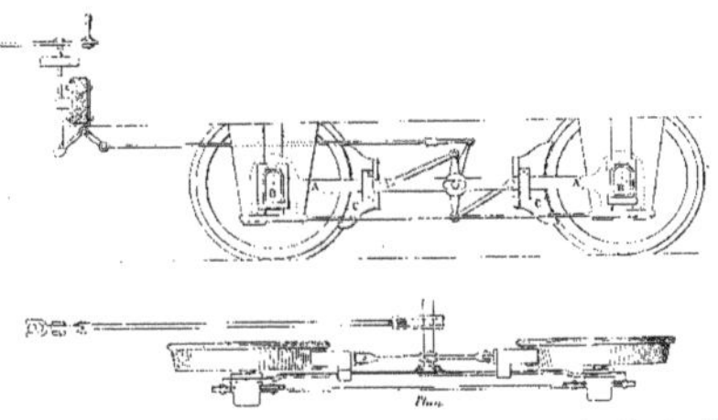

Fig. 47 et 48. — FREIN. B, B', boites a graisse des roues. A A', tige soutenant les sabots C et C'.

produire le frottement de la roue sur le rail, et à ralentir la vitesse. On voit donc quelle est l'erreur de ceux qui croient hâter l'arrêt d'un train en augmentant indéfiniment la pression exercée par le sabot sur la roue. L'augmentation de cette pression peut réduire la durée de la première période; mais elle est sans influence sur la seconde, qui est de beaucoup la plus importante. Et comme toute suppression brusque de vitesse constitue un choc qui détériore le matériel et expose le train à des accidents, on reconnaîtra que le meilleur enrayage consiste plutôt dans le développement d'une pression graduellement croissante que dans l'application instantanée d'une pression exagérée. On doit surtout se méfier des *freins absolus* proposés par certains inventeurs. C'est pour éviter les collisions qu'ils veulent trouver un moyen d'arrêter subitement un train lancé à grande vitesse. Or, un arrêt subit ne diffère pas au fond d'une collision, et les collisions ne sont si à craindre que parce qu'elles produisent un arrêt subit.

Le nombre de freins à introduire dans les trains est réglé d'après le nombre de voitures, les pentes de la section qu'elles parcourent, et le maximum de la vitesse que le train puisse atteindre en marche. Ce maximum s'obtient, en général, en augmentant de moitié la vitesse moyenne. Non-seulement chaque train doit, d'après son espèce, recevoir un nombre déterminé de wagons à freins, mais encore on fixe en gros la répartition de ces freins dans le train, de manière qu'ils ne soient pas tous en avant, par exemple; il est essentiel qu'un certain nombre soit placé dans les derniers wagons. L'un des accidents les plus fréquents de l'exploitation est la rupture de l'attelage, surtout dans les trains de marchandises, où les tensions des barres sont plus fortes, et où la longueur du train empêche le mécanicien d'exercer une surveillance sur la queue du convoi. Si un train se rompt ainsi en montant une rampe, toute la queue se met à descendre la rampe en dérive, et menace d'une collision les trains qui suivent le train rompu. Il importe donc qu'il y ait dans la partie en détresse des agents qui puissent se rendre compte du danger, et qu'ils trouvent dans les freins un moyen d'arrêter leurs wagons, pour les couvrir ensuite par les signaux d'usage.

En général, le nombre des freins à introduire dans les divers trains, les vitesses, les pentes, et la distance à laquelle les signaux doivent être portés pour couvrir un obstacle, sont des éléments corrélatifs; on ne peut modifier l'un sans retoucher les autres. Si, par exemple, un express parcourt 900 mètres jusqu'à l'arrêt, il faut de toute nécessité que le signal destiné à couvrir un obstacle de la voie soit fait à une distance telle, que le mécanicien, quand il aperçoit ce signal, ait encore plus de 900 mètres à parcourir avant d'atteindre l'obstacle où son train pourrait se briser. Il donnera aussitôt le signal de serrer les freins, et le train viendra s'arrêter sans vitesse au point dangereux.

De nombreux perfectionnements ont été proposés et essayés pour les freins. Ils n'ont guère pénétré dans la pratique, surtout depuis l'invention de la contre-vapeur, qui fait des freins un simple accessoire.

Ils ne méritent pas moins d'être mentionnés ici. Les *freins automoteurs* sont des appareils au moyen desquels le simple ralentissement de la tête du train suffit pour serrer les sabots, par suite de la compression développée dans les tampons de choc. Tel est le frein Guérin, tel est celui de MM. Lefèvre et Dorré. Une grande difficulté pratique résultait de cette disposition; on ne pouvait *refouler* le train, manœuvre si fréquente dans les gares, sans serrer tous les sabots, et développer une résistance invincible au mouvement qu'il s'agissait de produire. On a tourné très-ingénieusement cette difficulté, en interposant dans le mécanisme un déclanchement commandé par un régulateur à boules, monté sur l'un des essieux de chaque voiture. Aux petites vitesses qu'on atteint dans les gares, le régulateur, entraîné par la rotation de l'essieu, reste fermé, et l'appareil de serrage demeure paralysé. Ce n'est qu'à la vitesse de 16 à 17 kilomètres à l'heure que les boules s'écartent assez pour déclancher l'appareil et permettre le serrage, par la contraction du train et le rapprochement des tampons.

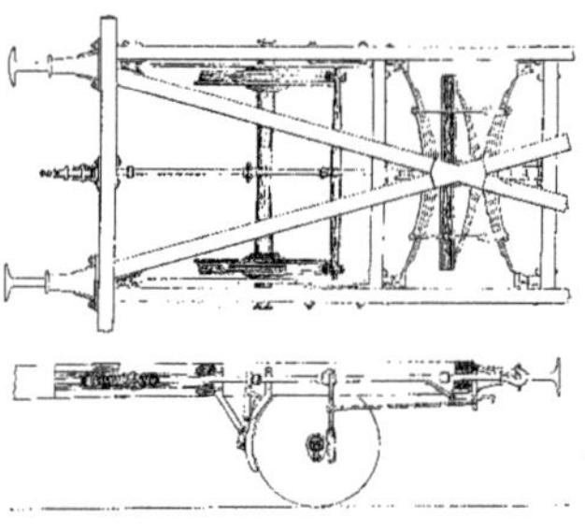

Fig. 49 et 50. — Frein automoteur.

On a aussi appliqué à l'enrayage les appareils électriques. Le système Achard, essayé il y a quelques années sur le chemin de l'Est, en France, et sur les chemins belges, met tous les freins dans la main du mécanicien, en même temps qu'il établit une communication continue d'un bout du train à l'autre. L'écueil de ce système, qui l'a fait proscrire en France après les essais, c'est que la transmission électrique exige le contact intime des différentes pièces métalliques destinées à livrer passage au courant. Au départ du train l'appareil fonctionne bien, parce que les pièces sont propres, mais au bout de quelques heures de voyage, les trépidations, la poussière, quelquefois les mains grasses des hommes d'équipe, tout cela a suffi pour frapper l'appareil Achard d'impuissance, et pour empêcher les freins d'agir au moment du plus pressant danger.

D'autres essais ont eu pour objet de serrer les freins au moyen d'une pression empruntée à la chaudière; le frein à vapeur a peu réussi; il donnait des arrêts trop brusques. Le frein à air comprimé, système américain de M. Westinghouse, paraît au contraire avoir eu un plein succès en Angleterre et aux États-Unis.

Certains inventeurs ont changé le mode d'action des freins. Ainsi M. Didier, voulant substituer au frottement de fer sur fer le frottement plus rude de bois sur fer, faisait peser pendant l'enrayage le wagon tout entier sur des patins en bois glissant sur les rails. M. Molinos produit l'enrayage en pinçant le rail dans une sorte d'étau, dont on règle la pression à volonté. Ces divers systèmes, très-bons dans des circonstances particulières, n'ont pas été adoptés dans la pratique générale de l'exploitation.

Les principaux perfectionnements des wagons ont pour but de faciliter leur passage dans les courbes.

L'un des plus anciens systèmes proposés à cet effet est le *système Laignel,* qui admettait le passage,

Fig. 51. — Système Laignel. AB, roue extérieure, roulant sur son rebord; CD, roue intérieure. O, point autour duquel le système des deux roues tend à tourner dans le plan horizontal.

non pas dans toutes les courbes, mais dans des courbes d'un rayon déterminé. La roue qui suit le rail extérieur à la courbe doit décrire dans le même temps plus de chemin que l'autre roue; de là des glissements relatifs, qu'on éviterait en augmentant dans le rapport convenable, au passage de la courbe, le diamètre de la roue extérieure. C'est cette augmentation que réalise le système Laignel. La roue extérieure, au lieu de rouler comme à l'ordinaire sur sa jante conique, porte par son rebord sur une lame métallique placée en dedans du rail extérieur. Chaque paire de roues, au passage de la courbe, se trouve dans les mêmes conditions qu'un cône roulant sur un plan horizontal ; elle tend à décrire un cercle autour du sommet de ce cône. La solution, tout ingénieuse qu'elle est, a été abandonnée ; elle ne permet qu'un seul rayon de courbe, et encore elle ne satisfait pas rigoureusement aux conditions du problème, car il ne suffit pas d'assurer la conicité de la surface de roulement de chaque essieu, il faut encore faire coïncider ensemble les sommets des différents cônes de roulement, ce qui exigerait la convergence des essieux vers le centre de l'arc décrit.

Le *système articulé de M. Arnoux,* adopté pendant de longues années sur le chemin de fer de Paris à Sceaux, remplissait les conditions avec une plus grande exactitude, au prix, il est vrai, d'une certaine complication d'organes qui n'ont pas permis de l'appliquer à de plus grandes lignes. Les essieux des wagons Arnoux sont montés avec chevilles ouvrières, de manière qu'ils aient partout la liberté de se placer normalement à la voie ; les roues, au lieu d'être liées à l'essieu tournant, sont mobiles sur l'essieu fixe ; chacune peut donc prendre sur le rail le mouvement de roulement qui correspond au chemin décrit par son centre, sans être gênée par la roue conjuguée. Il ne s'agit plus que de guider ces pièces, qui, abandonnées à elles-mêmes, ne tarderaient pas à quitter la voie. On y parvient en adaptant au système de l'essieu antérieur de la première voiture, quatre galets inclinés, ou petites roues, qui touchent les deux rails, et qui imposent à ce premier essieu une direction rigoureusement normale à l'axe du chemin. Les milieux des essieux successifs du train sont réunis à distances invariables, et dessinent en plan les côtés d'un polygone articulé. Dans le système primitif de M. Arnoux, des poulies horizontales, montées sur chaque essieu et centrées sur la cheville ouvrière, étaient liées les unes aux autres par des chaînes croisées, qui, sous l'action d'une déviation angulaire subie par l'un des essieux, imposaient à tous les autres essieux une déviation correspondante. Grâce à ces dispositions, le train pouvait prendre tous les degrés de courbure, en ayant toujours ses essieux perpendiculaires à la voie. Mais, par contre, dès que la tête du train s'engageait sur une courbe, le jeu des chaînes déplaçait les essieux de la première voiture encore située sur l'alignement droit, et leur faisait prendre par rapport aux châssis des positions justifiées seulement dans la courbe. Un autre inconvénient de ce système, c'est que la marche en arrière exige qu'on change la disposition des chaînes. Dans le système Arnoux modifié, on a supprimé ces chaînes, qui compliquent l'attelage, et l'essieu est guidé par un système de quatre bielles articulées, formant un losange déformable, dont l'essieu occupe la diagonale. Les deux autres sommets du losange sont articulés, l'un avec la traverse qui passe sous la voiture, l'autre avec le timon qui la réunit à la voiture voisine. De cette façon, l'essieu est toujours assujetti à couper en deux parties égales l'angle formé par le timon et la traverse, ce qui le rend normal à la voie.

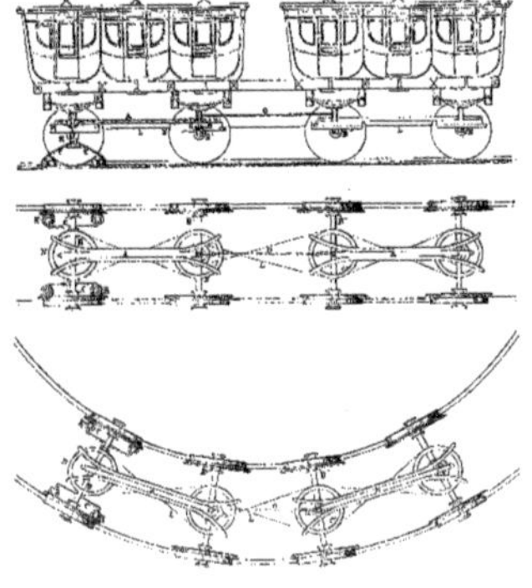

Fig. 52 à 54. — Ancien système Arnoux. — A, traverses portant sur les essieux par deux chevilles ouvrières ; O, barre d'attelage articulée ; B, B', essieux ; c, c, barres portant les galets en tête du train ; K, galets ; L, l, chaînes transmettant l'obliquité d'un essieu au suivant.

Ce système est très-ingénieux, trop ingénieux peut-être pour pénétrer dans les usages habituels. Il donne un train presque rigide, ce qui rend le démarrage plus difficile. Enfin l'expérience a démontré qu'il ne fallait pas s'exagérer la difficulté du passage des wagons dans les courbes. Un wagon à deux essieux parallèles et à roues conjuguées peut passer sans déraillement dans des courbes extrêmement raides, et cela sans surcroît bien grand de l'effort de traction. Pour les wagons à trois essieux, la seule précaution à prendre est de laisser à l'essieu intermédiaire un jeu dans le sens de sa longueur, de manière que les rebords des roues du milieu puissent s'inscrire entre les rails quand les rebords des roues extrêmes y sont déjà inscrits. Enfin il existe un type de matériel, connu sous le nom de *matériel américain,* qui se prête à la circulation dans les chemins les plus tourmentés.

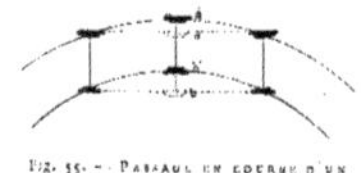

Fig. 55. — Passage en courbe d'un wagon à trois essieux. — *aa*, *bb'*, jeu longitudinal de l'essieu intermédiaire.

Les voitures américaines sont de longues poutres armées, portées à leurs extrémités sur deux chariots, à deux essieux chacun, qui sont réunis à la caisse de la voiture par des chevilles ouvrières. Les voitures sont en général attelées les unes aux autres par une articulation légèrement élastique, placée au milieu de la largeur de la voie. Un train américain a très-peu de raideur dans le plan horizontal; le plus petit rayon des courbes que puissent parcourir ces voitures est à peu près proportionnel à l'intervalle des deux essieux d'un même chariot.

Le matériel américain possède encore d'autres caractères. Les voitures n'ont, en général, d'issues que par les deux bouts, au moyen d'escaliers pris dans la largeur de la caisse et descendant jusqu'au niveau du trottoir des gares, ou au moyen de plates-formes si les trottoirs sont élevés à la hauteur du plancher des wagons. Un couloir continu règne d'un bout à l'autre de la voiture; les plates-formes extérieures le prolongent d'un bout à l'autre du train. Ce système n'est plus employé qu'en Amérique; en Europe on l'a successivement restreint à des trajets de plus en plus petits. On peut lui reprocher un grave inconvénient, celui de réduire outre mesure les orifices par lesquels se fait l'entrée et la sortie des voyageurs. Dans nos wagons européens, chaque compartiment a sa portière; le mouvement des voyageurs aux stations se fait avec ordre et rapidité. Dans le système américain, à l'arrivée, toute la population du wagon doit s'écouler par deux portes situées aux deux extrémités de la voiture; au départ, il faut que les voyageurs fassent l'assaut des escaliers, sans être sûrs que la voiture dont ils veulent forcer l'entrée ne soit pas déjà pleine. Un autre inconvénient du système américain, c'est d'être beaucoup plus dangereux en cas de collision que le système européen. On a vanté l'utilité qu'il y a, au point de vue de la sécurité des voyages, à permettre aux voyageurs et aux agents des trains de parcourir d'un bout à l'autre les convois, pour se rendre compte de ce qui se passe dans les différentes voitures. Cette inspection mutuelle pourrait en effet retenir la main d'un assassin inexpérimenté. Mais elle ne suffit pas pour prévenir les crimes qui peuvent se commettre sur les chemins de fer. L'assassin qui se débarrasse d'un compagnon de voyage dans un compartiment où il se trouve seul avec lui, ne peut nier le mauvais coup qu'il vient de faire s'il est surpris dans ce compartiment; il faut de toute nécessité qu'il descende du train pendant la marche, ce qui ne se fait guère impunément. A un autre point de vue, le système des compartiments isolés protége contre les malfaiteurs tous ceux qui ne sont pas avec lui dans le même compartiment. En Amérique, un assassin peut commettre un crime sur une personne isolée sans que les autres voyageurs s'en aperçoivent, puis se dissimuler à un autre bout du train en se mêlant à d'autres voyageurs. Une bande de malfaiteurs américains a fait mieux encore : grâce à la continuité de la circulation intérieure, elle s'est rendue maîtresse du train en tuant les agents de l'exploitation; elle s'est débarrassée des voyageurs en massacrant ceux qui résistaient, et déposant sur la voie les personnes inoffensives; puis elle a dévalisé le train tout à son aise. En somme, le système américain n'a aucune supériorité sur les autres au point de vue de la sécurité des voyageurs, et il y a d'autant moins de raisons de l'introduire sur le réseau européen qu'il paraît très-peu en harmonie avec nos habitudes.

Pour terminer ce qui a rapport aux wagons, nous dirons un mot du chauffage des trains pendant l'hiver. Cette question, étudiée déjà depuis plusieurs années sur les chemins de fer de l'Allemagne, de la Russie, de la Suède, ne paraît pas encore sortie de la période des expériences et des essais. En France, la compagnie des chemins de l'Est a commencé sur ce sujet une série d'expériences qu'elle poursuit encore, et qui probablement conduiront à un résultat pratique. Le problème présente de grandes difficultés. Il s'agirait en effet de maintenir dans les compartiments une température moyenne d'environ 10 degrés centigrades, quelle que soit la température extérieure. Les différents systèmes essayés ne satisfont pas entièrement à cette condition d'un bon chauffage. Les uns sont inégaux, en ce sens qu'ils développent à un certain moment une chaleur étouffante, et qu'à d'autres moments ils sont sans action sensible sur la température du wagon. La plupart chauffent très-inégalement les différents points du compartiment; tantôt ils rayonnent d'une manière incommode sur certaines places en particulier, tantôt ils échauffent une région du wagon, le haut par exemple, menaçant ainsi les voyageurs d'une congestion cérébrale. Ces systèmes de chauffage comprennent *les chaufferettes à eau chaude, les chaufferettes à sable chaud, les briques chaudes, le chauffage au moyen de briquettes ou de charbons artificiels en combustion, les poêles, le chauffage par circulation d'air chaud, d'eau chaude ou de vapeur.* Les poêles et le chauffage par des charbons artificiels ont l'inconvénient d'introduire dans les voitures un danger permanent d'asphyxie et une chance d'incendie, surtout lorsqu'un choc expose les appareils à une rupture. Le poêle des wagons américains est notamment une cause fréquente d'aggravation dans les accidents des trains. Le chauffage par circulation d'air, d'eau ou de vapeur, exige des appareils délicats et rend plus difficiles l'addition et la suppression des voitures pendant les arrêts du train. Les chaufferettes, employées généralement en France, doivent être souvent renouvelées, manœuvre qui ne peut s'opérer sans refroidir les compartiments et sans déranger les voyageurs. L'expérience seule pourra prononcer, à la longue, entre des systèmes qui présentent tous des inconvénients.

CHAPITRE IV

DES STATIONS

Les *gares* ou *stations* sont les points d'arrêt des trains ; elles servent à la fois au service de l'exploitation et aux rapports du chemin de fer avec le public. On les partage en deux grandes classes : *gares de voyageurs, gares de marchandises.* Le mot station s'applique spécialement aux gares de voyageurs de moindre importance ; enfin les haltes sont des stations rudimentaires, où il n'y a pas de service régulier, et où les trains ont un arrêt éventuel.

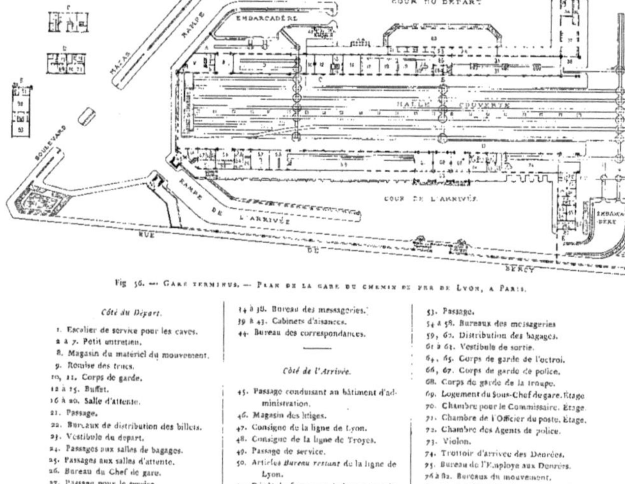

Fig. 56. — GARE TERMINUS. — PLAN DE LA GARE DU CHEMIN DE FER DE LYON, A PARIS.

Côté du Départ.

1. Escalier de service pour les caves.
2 à 7. Petit entretien.
8. Magasin du matériel du mouvement.
9. Remise des trucs.
10, 11. Corps de garde.
12 à 15. Buffet.
16 à 20. Salle d'attente.
21. Passage.
22. Bureaux de distribution des billets.
23. Vestibule du départ.
24. Passages aux salles de bagages.
25. Passages aux salles d'attente.
26. Bureau du Chef de gare.
27. Passage pour le service.
28. Bouilleurs pour les chaufferettes.
29, 30. Etage. Bureau du chef de gare.
31 à 33. Salle des bagages.
34 à 38. Bureau des messageries.
39 à 43. Cabinets d'aisances.
44. Bureau des correspondances.

Côté de l'Arrivée.

45. Passage conduisant au bâtiment d'administration.
46. Magasin des litiges.
47. Consigne de la ligne de Lyon.
48. Consigne de la ligne de Troyes.
49. Passage de service.
50. Articles *Bureau restant* de la ligne de Lyon.
51. Dépôt du factage et de la messagerie de la ligne de Troyes.
52. Bureau du factage et de la messagerie de la ligne de Troyes.
53. Passage.
54 à 58. Bureaux des messageries
59, 60. Distribution des bagages.
61 à 63. Vestibule de sortie.
64, 65. Corps de garde de l'octroi.
66, 67. Corps de garde de police.
68. Corps de garde de la troupe.
69. Logement du Sous-Chef de gare. Etage
70. Chambre pour le Commissaire. Etage
71. Chambre de l'Officier du poste. Etage.
72. Chambre des Agents de police.
73. Violon.
74. Trottoir d'arrivée des Denrées.
75. Bureau de l'Employé aux Denrées.
76 à 82. Bureaux du mouvement.
83, 84. Service médical.
85. Atelier des Lampistes.
86 à 89. Cabinets d'aisances.
90 à 93. Bureaux du mouvement. Etage.

Au point de vue de la distribution dans le réseau des voies ferrées, les gares se partagent en *gares terminus,* celles où la voie vient se terminer à un heurtoir, et qui forment une tête de ligne ; en *gares intermédiaires,* qui sont traversées par la voie ; enfin, en *gares d'embranchements,* aux points où deux ou plusieurs lignes viennent se souder les unes aux autres. Chacune de ces classes demande des dispositions particulières. Il y a d'ailleurs deux points spéciaux à étudier dans une gare : les bâtiments et les voies.

Une gare des voyageurs comprend essentiellement, en fait de voies, les voies de circulation et un certain nombre de voies de garages, des aiguilles pour faire communiquer ces voies ensemble, et des plaques tournantes pour faciliter la formation des trains;

En fait de bâtiments, les bureaux de distribution des billets, la salle des bagages, au départ et à l'arrivée, les salles d'attente, enfin dans certaines gares, les remises de wagons et le buffet. Tous ces éléments ne se trouvent pas également développés dans toutes les gares, et rien n'empêche les petites de réunir ensemble des locaux qui doivent rester séparés dans les grandes. Les grandes gares de voyageurs sont en général couvertes. La nécessité de couvrir par une toiture de grands espaces comprenant un certain nombre de voies a conduit aux types modernes de charpente à grande portée. Les fermes Polonceau sont une des solutions les plus répandues de ce problème. Les gares de Manchester et de Birmingham, en Angleterre, présentent d'autres systèmes de charpentes à grande ouverture, très-appréciées des ingénieurs.

S'il y a de profondes différences entre les gares de voyageurs, d'après leur importance, il y en a encore davantage entre les gares de marchandises. Dans certains points, la gare des marchandises comprend simplement un quai découvert, à la hauteur des plates-formes, avec une petite halle pour rentrer les marchandises qui craignent la pluie. Une ou deux voies sont affectées à ce service. Il y a loin de là aux gares d'une grande ville commerçante, comme Paris, le Havre, Marseille. La gare des marchandises couvre alors une superficie de plusieurs hectares. C'est un réseau complet de voies qui s'entre-croisent, une ville entière de halles couvertes, une profusion de quais et de cours, de grues pour le chargement et le déchargement des wagons et des camions. Il en est des wagons sur les chemins de fer comme des bâtiments qui font le commerce maritime. L'économie de l'exploitation veut qu'ils soient immobilisés le moins longtemps possible dans les gares pour les manœuvres du chargement ou du déchargement. Dès qu'un train de marchandises arrive dans une gare, il importe d'en extraire le plus tôt possible les wagons qui doivent s'y arrêter, pour que les autres puissent continuer leur route ; il faut en outre vider ces wagons le plus vite possible, pour les rendre de nouveau disponibles pour d'autres transports. On conçoit quelles difficultés pratiques présentent la décomposition et la recomposition des trains de marchandises, sous la condition de faire perdre le moindre temps possible aux wagons, d'éviter l'encombrement des quais, et de satisfaire pour le mieux aux exigences contradictoires du public, ceux-ci pressant l'expédition de leurs marchandises, ceux-là se mettant en retard pour l'enlèvement des colis qui leur sont adressés. Les compagnies ont pour ces diverses manipulations des délais réglementaires, qui mettent leur responsabilité à l'abri contre les incessantes réclamations auxquelles elles sont exposées. D'ailleurs, des amendes connues sous le nom de *jours de planche*, ou de *frais de magasinage*, stimulent en cas de besoin l'activité des destinataires négligents, qui laisseraient dormir leurs marchandises en gare, après avoir eu l'avis de leur arrivée.

Le service de réexpédition, soit sur le même réseau, soit sur les réseaux voisins, exige un remaniement des trains aux points d'embranchement. De là la création des *gares de triage*, vastes espaces couverts de voies parallèles, sur lesquelles on a toute facilité pour grouper ensemble les wagons qui ont une même destination.

Ce qui augmente les difficultés de ce remaniement incessant des trains, c'est l'énorme longueur qu'on leur donne. Les trains de marchandises ont jusqu'à soixante et quatre-vingts wagons, et occupent une longueur de voie d'environ 4 à 500 mètres. Complétez cette longueur par les portions de voies déviées qui raccordent la voie de garage aux voies de circulation, vous avez 5 à 600 mètres affectés à un garage, et vous pouvez juger du temps qu'exige le parcours de ces longs garages, pour y laisser ou pour y prendre quelques voitures. Au fond, il n'y a rien de difficile dans la conception de ces manœuvres. Ce qui crée la difficulté, c'est la masse à remuer, l'effort à développer, la multiplicité des opérations à exécuter, enfin la nécessité de suivre chacun des innombrables objets confiés à l'exploitation, de les classer de manière à les retrouver, et de veiller à ce qu'aucun ne s'égare ou ne s'arrête avant d'être parvenu à sa destination définitive.

Parmi les perfectionnements mécaniques qui contribuent le plus à améliorer les manœuvres des gares de marchandises, on doit citer le *système Armstrong*, ou *système hydraulique*, système très-simple, adopté depuis longtemps dans les docks de l'Angleterre, et auquel on peut faire accomplir la plupart des manœuvres de force qu'on demande d'ordinaire aux chevaux et aux ouvriers. Un réservoir d'eau, maintenu sous une grande pression à l'aide d'un accumulateur, est entretenu à niveau constant par une machine à vapeur; il distribue l'eau, par un réseau de tuyaux de conduite, à chacun des appareils qu'il s'agit de mettre en mouvement; ce sont, dans une gare, les grues et les plaques tournantes. Il suffit d'ouvrir des robinets pour faire agir l'eau sur les pistons qui, à l'aide d'une transmission, produisent le mouvement voulu.

Le service de voyageurs est plus facile que celui des marchandises; les voyageurs savent où ils vont; sauf un petit nombre d'impotents ou de malades, il suffit de les guider, d'abord vers le train qu'ils doivent prendre, ensuite vers la sortie par laquelle ils doivent quitter le chemin de fer. Les caractères des divers peuples se montrent à découvert dans les habitudes de l'exploitation à l'égard des voyageurs. Dans certains pays, la gare reste ouverte à tout venant; le voyageur se pilote lui-même, à ses risques et périls; dans d'autres, et la France est de ce nombre, l'entrée du voyageur au guichet de la salle d'attente rompt pour lui tout commerce avec le monde extérieur. Parqué dans cette salle, il attend qu'on lui ouvre la porte du trottoir. Ce barrage prépare pour l'instant de l'ouverture un flot de personnes qui font irruption vers les wagons : on court, on se pousse, on crie; chacun se case aussi bien que le lui permettent ses jambes et les paquets dont il est chargé. Au départ, outre la queue qu'il faut suivre pour arriver à la distribution des billets, une seconde queue amène le voyageur à l'enregistrement de ses bagages. Là, tout est pesé, tout est compté, et le moindre colis donne lieu pour la compagnie à la rédaction d'un bulletin en triple expédition: l'une qu'on remet au voyageur et qui constitue son titre de propriété, l'autre qui accompagne le transport, la troisième qui reste comme souche au bureau de l'expédition. Les Anglais et les Américains arrivent au même résultat sans ce luxe d'écritures. Du reste, il serait injuste de méconnaître les progrès déjà réalisés chez nous dans les rapports entre les chemins de fer et le public : sur la plupart des points, l'exploitation a perdu le caractère militaire que des agents trop zélés lui avaient maladroitement donné à l'origine.

Il nous reste à considérer les gares au point de vue du service intérieur des chemins de fer. Le service des wagons demande qu'à certaines gares on ait des dépôts de matériel, savoir, des remises contenant les wagons de voyageurs, et des parcs où les wagons de marchandises demeurent à découvert. Les wagons doivent être soigneusement visités et entretenus. De là des voies consacrées au petit entretien, et des ateliers où se font les réparations plus considérables; ces ateliers occupent de grandes surfaces et emploient un matériel encombrant; il n'est personne qui n'ait aperçu, par exemple, ces longues files d'essieux montés sur deux roues, qui, aux abords des grands ateliers, occupent plusieurs kilomètres de rails. Le service de la traction réclame des installations encore plus nombreuses et plus importantes. La ligne à exploiter est partagée en portions à peu près égales, de 100 à 120 kilomètres, qui constituent comme les *relais* des locomotives. A chacun de ces relais, on trouve une *rotonde* pour un certain nombre de machines, et des ateliers où peut se faire le petit entretien. Voilà pour le service normal. Mais il faut prévoir les accidents de route, et répartir dans un certain nombre de points intermédiaires des machines de secours, qui puissent être envoyées dans un cas pressant au-devant d'un train tombé en détresse.

Le service régulier des machines exige des *alimentations* et des *dépôts de combustible,* où l'on renouvelle l'approvisionnement du tender *en eau et en charbon*. La provision de charbon dure en général tout le temps du parcours du relais de la machine; on ne le remplace qu'au départ. Pour l'eau, qui s'use plus vite, il serait utile de pouvoir en compléter le chargement à chacune des stations où le train s'arrête. La machine use d'autant plus d'eau qu'elle développe des efforts plus énergiques. Aussi l'alimentation doit être d'autant plus fréquente que le train est plus lourd, que les pentes sont plus raides, que la neige oppose un plus grand obstacle à la circulation du train, etc.

Enfin, chaque réseau a, suivant son importance, un ou plusieurs *grands ateliers,* où se font les grosses réparations des machines, et souvent aussi la construction des machines neuves. Presque toujours ces ateliers constituent à eux seuls une grande usine.

Pour finir cette revue des stations, il nous reste à dire un mot des signaux au moyen desquels on assure la sécurité de la circulation des trains, du télégraphe qui offre à l'exploitation tant de ressources, enfin des maisons de garde qui sont, entre les stations proprement dites, comme de petites stations intermédiaires destinées à la surveillance de la voie.

Une station est en général protégée par deux *disques* mobiles, qu'on peut tourner de la station même à l'aide d'un levier commandant un fil métallique. Ces disques sont portés à 1200 mètres, par exemple, du centre de la station. Dès qu'un train s'arrête en gare, on tourne à l'arrêt le disque qui couvre la voie que ce train occupe. Un autre train arrivant par la même voie doit ralentir et s'arrêter dès qu'il aperçoit ce signal.

En général, il le *force* néanmoins, c'est-à-dire s'avance lentement et s'arrête au delà d'un poteau-limite, en vue de la station, de manière à se couvrir par le même disque contre les trains qui viendraient derrière lui. On efface le disque après le départ du train qui faisait obstacle à la libre circulation. Comme le disque peut être en dehors de la vue de la gare, on emploie un appareil électrique pour s'assurer des mouvements qu'il exécute en réalité. La fermeture du disque complète un circuit, et met en mouvement une trembleuse, dont les coups répétés indiquent que le disque a accompli son quart de révolution et est bien tourné à l'arrêt. Le disque en se rouvrant est entraîné par un contre-poids qui l'efface le long de la voie : aussitôt la trembleuse s'arrête, et la gare en est par là même avertie.

Outre le disque qui protége le train pendant son arrêt, on se sert encore d'une autre classe d'appareils, les *sémaphores*, dont l'objet est de maintenir entre les trains l'intervalle réglementaire. Le sémaphore est un mât au haut duquel sont articulés deux bras mobiles; chacun se relève d'un côté du mât : l'un correspond à la voie gauche, l'autre à la voie droite. Le bras abaissé indique la voie libre; tendu horizontalement, il commande l'arrêt; relevé à 45°, il commande le ralentissement continu. Quand un train passe dans la gare au droit du sémaphore, qu'il s'arrête ou qu'il continue, l'agent chargé des signaux doit être au pied de l'appareil; il lève celui des deux bras qui correspond à la voie parcourue par ce train, et doit le laisser horizontal pendant dix minutes. Un autre train arrivant aperçoit ce signal et doit s'arrêter pour laisser le premier train prendre sur lui l'avance réglementaire. Les sémaphores donnent donc un moyen de contrôler la distance qu'ont entre eux les trains successifs, et de prévenir les chances de collisions. Remarquons toutefois qu'ils maintiennent entre les trains un *intervalle de temps*, et non une distance effective, qui serait une bien meilleure garantie.

A ces signaux, qui représentent le minimum de ce qui est nécessaire pour une petite gare, il conviendrait d'ajouter, si nous voulions être complet, les signaux particuliers aux grandes gares, aux gares d'embranchement, et les signaux d'aiguilles : les uns ayant pour objet de prévenir les collisions, les autres de renseigner le personnel des gares et des trains sur les voies ouvertes et fermées d'après la position actuelle des changements de voie.

Le télégraphe électrique, qui permet d'échanger instantanément des conversations à distance, simplifie tous les problèmes de l'exploitation. Grâce au télégraphe, une station peut être renseignée sur le retard d'un train qu'elle attend; un train en détresse peut demander la machine de secours; le mouvement des trains éventuels, spéciaux, supplémentaires, peut être notifié d'avance, sur toute la ligne, de manière que l'expédition s'en fasse sans aucun accident. Le télégraphe électrique peut se combiner aux signaux, et contribue ainsi à la surveillance de la voie comme à la sécurité du mouvement. Parmi ces diverses applications, nous mentionnerons seulement le système des *signaux à cloche*, employé dans toute l'Allemagne, au moyen duquel les agents répartis sur la ligne entre les stations sont avertis sur-le-champ de tous les incidents de l'exploitation, et les agents des trains en détresse peuvent aviser de leur situation les gares voisines; l'*appareil Tyer*, adopté en France sur une partie du réseau de Lyon, et dont le but est d'empêcher deux trains de se trouver à la fois dans un même tronçon de la ligne; enfin le *système Lartigue*, qui résout le même problème d'une manière très-élégante sur le chemin du Nord. C'est une application de la méthode connue en Angleterre sous le nom de *Block-system*, qui a pour effet de maintenir l'intervalle des trains comme distance effective, et non comme temps à la manière des sémaphores.

Les *maisons de garde* fractionnent en petites parties les intervalles des stations successives. Ce sont les centres de l'entretien et de la surveillance de la voie. Quelques-unes sont affectées en outre au service des passages à niveau. Les gardes mariés sont seuls admis, en général, à exercer des fonctions de cette nature. Pendant que le mari surveille son canton, ou travaille sur la voie avec son équipe, la femme s'occupe du passage à niveau, et en manœuvre les barrières d'après les nécessités du passage des trains.

CHAPITRE V

DE L'EXPLOITATION

L'*exploitation* est la mise en valeur de la voie ferrée. Sur toutes les autres voies de communication, on conçoit que la circulation puisse rester libre. Une route admet toutes les voitures qu'on y veut faire passer, sans restriction d'aucune sorte quant aux heures du passage. Un canal assure à peu près la même liberté au passage des bateaux, sauf le cas d'encombrement au passage des écluses. Pour les chemins de fer au contraire, le mouvement des trains ne peut être abandonné à l'arbitraire, et l'exploitation doit être nécessairement centralisée entre les mains d'une administration responsable.

L'exploitation d'une ligne ou d'un réseau peut être envisagée à deux points de vue principaux : le point de vue *technique* et le point de vue *commercial.*

L'exploitation technique se subdivise en trois branches distinctes, qui forment comme trois services particuliers : *entretien et surveillance de la voie, matériel et traction, exploitation proprement dite.*

Le service de l'entretien et de la surveillance de la voie a pour objet de veiller à la conservation de la voie, à sa bonne assiette, au remplacement des rails usés, des traverses pourries, aux travaux de consolidation des tranchées, des tunnels, des remblais, à l'entretien des travaux d'art et de tous les bâtiments qui appartiennent à la ligne. C'est un service d'ingénieurs, de piqueurs et de cantonniers, service qui tire sa principale difficulté de cette circonstance, que la plupart des travaux doivent être exécutés d'urgence, sans interrompre le mouvement des trains, et surtout sans amener d'accidents dans la circulation.

Le service du matériel et de la traction s'occupe du matériel roulant, wagons et locomotives; il l'inspecte, l'entretient, le répare, quelquefois même le construit; c'est lui qui remplit sur le réseau le rôle des maîtres de poste sur les routes; il a la direction des locomotives, et veille à ce qu'elles soient toujours en mesure de fournir un bon travail. Il a l'administration des ateliers, des remises, des dépôts de combustible, etc. C'est le département des charrons et des mécaniciens.

Le service de l'exploitation proprement dite a des attributions très-étendues. Il règle la composition et le mouvement des trains, sous la double condition d'assurer la régularité de leur parcours et d'éviter les collisions; il veille à ce qu'ils renferment toujours le nombre de freins qui correspond à la vitesse de la marche et aux déclivités de la voie; il installe sur la voie les signaux fixes, dont ses agents sont chargés de faire la manœuvre. Il a des agents dans les gares, d'autres dans les trains, d'autres encore dans les bureaux du service central, chargés de préparer les mouvements des convois, de faire la statistique des mouvements accomplis, et de rédiger les ordres de service qui dirigent tout le personnel du service actif. L'exploitation proprement dite est un service exclusivement administratif, qui a généralement une multitude d'affaires à traiter, de questions urgentes à résoudre; questions variées, car les solutions à adopter dépendent des circonstances : la circulation sur la voie unique exige, par exemple, d'autres règles que la circulation sur la double voie, les trains de grande vitesse sont autrement composés que les trains de marchandises; tel train exige une double traction, tel autre, qui circule sur de fortes rampes, demande que les deux locomotives soient placées l'une en tête, l'autre en queue. Le nombre des trains, les heures de leur passage, doivent être modifiés avec les saisons; et dans cette détermination, il importe de prévoir les rapports de la ligne que l'on exploite avec les autres lignes, et d'assurer autant que possible aux gares d'embranchement des *battements* suffisants pour qu'un petit retard sur la première ligne n'empêche pas les voyageurs de profiter des correspondances [1]. On voit quelle multiplicité de questions l'exploitation doit trancher, et combien elles se compliquent dans les circonstances exceptionnelles, telles que l'expédition d'un train spécial, ou l'interruption de la voie par quelque chantier de grosse réparation.

L'un des problèmes les plus fréquents à résoudre est celui qui consiste à régler la marche des trains et à fixer les heures de leur passage aux diverses stations de la ligne. On se sert pour cela d'une méthode géométrique connue sous le nom de *graphique des trains*. Sur une feuille de papier quadrillée,

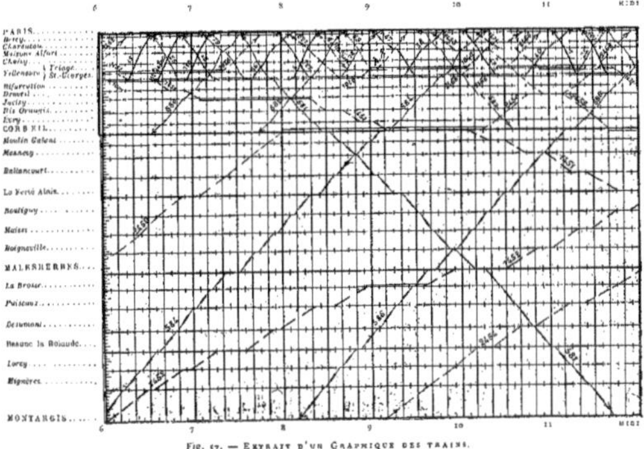

Fig. 57. — Extrait d'un graphique des trains.

on marque sur des colonnes équidistantes les vingt-quatre heures de la journée, et sur les lignes horizontales, espacées proportionnellement à l'intervalle des stations successives, les noms de ces stations. Chaque point du plan correspond alors à une heure de la journée et à une position particulière sur la ligne, et le mouvement des trains, supposé uniforme entre les arrêts, se représente par une série de lignes droites inclinées. Les trains express sont figurés par les lignes les plus rapprochées de la verticale, les trains de marchandises par es lignes les plus inclinées à l'horizon. Les stationnements des trains sont représentés par de petits intervalles horizontaux, compris sur la ligne d'une station entre le point où aboutit la ligne inclinée d'un train et le point où la même ligne reprend au delà. L'épure révèle d'un seul coup d'œil toutes les circonstances du mouvement des trains, dans un sens ou dans l'autre, car l'inclinaison des lignes du mouvement fait connaître immédiatement dans quel sens le mouvement s'opère. On voit en quelles stations un train rapide doit dépasser les trains plus lents qui le précèdent, et quel stationnement ceux-ci doivent subir pour que les rencontres ne soient pas à redouter.

Les précautions à prendre contre les accidents doivent être la principale préoccupation de ceux qui administrent une voie ferrée. Ces accidents sont de deux sortes : les accidents d'exploitation proprement dite, et les accidents du fait des voyageurs, qui sont plus rares, et sur lesquels l'administration du chemin, n'a du reste, qu'une prise très-indirecte. Quoi qu'on fasse, on ne pourra empêcher d'une manière absolue un fou de se tuer, un imprudent de se blesser, un assassin de commettre un crime. Les accidents d'exploitation se partagent en trois classes distinctes.

1° *Accidents de la voie :* rupture ou renversement d'un rail, éboulement, neige, présence sur la voie d'obstacles qui font dérailler les trains, que ces obstacles se trouvent là par un acte de malveillance ou par toute autre cause; la surveillance et l'entretien de la voie sont les seules garanties contre des accidents de cette nature.

2° *Accidents du matériel:* tantôt la machine subira une avarie qui la mettra momentanément hors

1. On appelle *battement* l'intervalle de temps qu'on laisse entre l'heure du passage d'un train dans une gare, et l'heure du départ d'un train en correspondance, qui fait le service d'un embranchement issu de la même gare.

de service; un tube de la chaudière crève, par exemple, et le feu est éteint par l'eau de la chaudière, ou bien les oscillations de la machine, jointes aux inégalités de la voie, suffisent pour produire un déraillement; dans d'autres cas, l'essieu d'un wagon se brise, presque toujours au calage de l'une des deux roues; une fois brisé, il tombe d'un côté sur la voie, entre dans le ballast, et jette le wagon hors des rails. Cet accident est un des plus fréquents, et peut se répéter souvent lorsqu'une compagnie a reçu d'une usine une mauvaise fourniture. Quelquefois aussi, le bandage d'une roue se dessoude; il se redresse en ligne droite et, perçant le plancher des wagons, il va blesser ou tuer quelques voyageurs. Une des causes les plus générales d'accidents sont les ruptures d'attelage, surtout dans les trains de marchandises pesamment chargés, à la montée des rampes, circonstances qui tendent à accroître l'effort des liens qui réunissent les wagons. La portion du train abandonnée en dérive peut n'être pas arrêtée à temps, et venir choquer un autre train qui s'avance sans inquiétude sur une voie qu'il suppose libre. La double traction, avec machines en tête et en queue du train, prévient ce genre d'accident d'une manière à peu près certaine. Enfin un des accidents les plus graves est celui du feu. Les flammèches, les escarbilles de la machine sont une cause permanente d'incendie; il est plus rare que le tonnerre mette le feu à un wagon, et par une grâce d'état qu'on n'explique guère, un train en marche semble à l'abri de la foudre. Le moyen de conjurer ces menaces d'incendie est de construire les wagons avec des matériaux incombustibles. La substitution des châssis en fer aux châssis en bois en a singulièrement réduit les chances. Les règlements proscrivent d'ailleurs d'une manière absolue le transport par train des voyageurs des matières explosibles, telles que la poudre et le pétrole; on les répartit dans les trains de marchandises, et on les surveille de telle manière, qu'il reste peu de chances de les voir prendre feu pendant la route ou dans les garages.

3° *Accidents dus à l'inobservation des règlements:* cette classe contient les plus nombreux accidents et les plus graves. Tantôt un train en détresse oublie de se couvrir; il est tamponné par un autre train auquel il n'a pas fait de signaux d'arrêt, ou auquel il a fait ces signaux, mais non pas à la distance nécessaire pour obtenir l'arrêt complet. Tantôt un chef de gare laissera partir trop tôt un train sur lequel le train précédent n'aura pas assez d'avance. Si le service est établi sur la simple voie surtout, il faut s'assurer, avant de lancer un train, que la voie est libre. Quelquefois un chef de gare distrait ou négligent la supposera libre et expédiera son train sans s'en être assuré; on en a vu même qui, prenant à la longue les dépêches télégraphiques pour de simples formalités, interrogeaient la station voisine, et inscrivaient eux-mêmes la réponse, *voie libre,* sans attendre la dépêche de la station interrogée. L'habitude produit ainsi parfois sur des esprits fatigués de singulières hallucinations. Dans tous les cas, le public peut être certain que, si les accidents arrivent, les cas de force majeure exceptés, ce n'est pas la faute des règlements, mais bien la suite de l'inobservation de ces règlements. Des peines très-rigoureuses menacent les agents qui se rendraient coupables de pareilles fautes, et les rappellent incessamment au sentiment de la lourde responsabilité qui pèse sur eux.

Bien des inventeurs cherchent un moyen de prévenir les accidents. Ils roulent presque tous dans un cercle d'idées qui ne peut conduire à aucun perfectionnement réel. Les uns proposent des freins très-énergiques, qui auraient la propriété d'arrêter instantanément un train, en brisant, il est vrai, tous les wagons, et en produisant tout autant de désordre que la collision qu'ils prétendent éviter. D'autres, assimilant la locomotive à un cheval qui s'emporte, croient avoir tout sauvé en la dételant tout à coup. Quelques-uns mettent entre deux wagons des matelas élastiques; ou bien ils arment les locomotives de biseaux inclinés, qui jetteraient dans les chocs les deux trains hors de la voie, et transformeraient la collision en déraillement. Parmi ces essais, les seuls qui méritent d'être signalés sont ceux qui ont pour objet d'établir une communication entre les agents des trains, et entre ceux-ci et les voyageurs. De ce nombre sont les appareils électriques de M. Prudhomme et de M. Achard. Il ne faut pas s'y méprendre cependant. L'expérience a montré que la communication la plus sûre entre les wagons et le chef de train ne suffit pas pour empêcher d'une manière absolue les assassinats en wagon; car l'assassin ne laisse guère à la victime le temps ni la faculté d'en faire usage. Et si, dans un cas pressant, tel que l'incendie, un voyageur peut l'employer pour appeler du secours, dans la plupart des cas, un signal de détresse inconsidéré donnera lieu à des accidents extrêmement graves. Si les agents des trains vont s'assurer par eux-mêmes de la réalité du danger qu'on leur signale, c'est par une course sur les marchepieds des wagons, qui, dans les trains un peu rapides, les expose à une chute à peu près certaine; si, au contraire, toute demande de secours est suivie de l'arrêt du train, voilà la circulation régulière à la merci d'un fou qui plaisante, d'une femme qui a peur, d'un enfant qui joue. Or rien n'est plus dangereux que l'arrêt d'un train en pleine voie. Combien d'inventeurs croient avoir tout gagné en imaginant des moyens d'arrêter les trains! Ne vaudrait-il pas mieux chercher les moyens d'en assurer le mouvement, en observant qu'un train qui s'arrête fait obstacle au train suivant, que celui-ci en arrête un troisième, et que ces arrêts répercutés sur toute la ligne sont autant de chances de collisions ?

Nous verrons dans un prochain chapitre que le nombre des accidents de chemins de fer est très-petit, et que le voyage en chemin de fer présente, pour les voyageurs, le même degré de sécurité que la vie la plus régulière et la plus paisible. Malheureusement, il n'en est pas toujours de même pour les agents; trop souvent ils payent par des accidents terribles les imprudences si fréquentes chez les hommes qui exercent un métier dangereux.

L'exploitation commerciale a pour objet d'accroître le plus possible le produit des transports effectués sur le réseau. Une Compagnie administre une ou plusieurs voies ferrées. Elle les exploite en vue d'un bénéfice net à partager entre ses actionnaires. Ce bénéfice est l'excès de ses recettes sur ses dépenses. Les recettes sont formées, à peu d'exceptions près, des prix de transport que la Compagnie perçoit sur les voyageurs et les marchandises qui font usage de ses wagons et de ses rails. Le cahier des charges de la Compagnie fixe un tarif des prix, rapportés au kilomètre parcouru, que la Compagnie ne doit pas dépasser. Mais ce tarif indique des *maxima,* au-dessous desquels la Compagnie peut descendre ses prix effectifs. Pour les voyageurs, le tarif français est fixé à 10 centimes en première classe, à 7 centimes 1/2 en seconde et à 5 centimes 1/2 en troisième, par tête et par kilomètre; en général ces prix sont intégralement perçus; ils sont augmentés d'un impôt au profit du trésor, qui, accru en 1855, puis en 1871, fait ressortir aujourd'hui à 12^c,32, à 9^c,90 et 7^{c}26 le prix des transports des voyageurs. Les militaires et marins ne payent que le quart de la taxe intégrale. Pour les marchandises, le cahier des charges fixe par tonne et par kilomètre les prix *maxima* que les Compagnies sont autorisées à percevoir, en admettant la distinction des marchandises transportées à grande vitesse et à petite vitesse, et le partage des marchandises de petite vitesse en quatre classes; la plus basse classe admet des prix réduits à mesure que la distance de transport s'allonge. Le prix *maximum* de transport est fixé à 0 fr. 36 à grande vitesse (impôt non compris); à petite vitesse, il varie, suivant les classes, de 0 fr. 24 au *maximum* à 0 fr. 04 au *minimum;* ce dernier prix s'applique aux marchandises de quatrième classe (houilles, marnes, cendres, fumiers, engrais, etc.) transportées à plus de 300 kilomètres. Le cahier des charges fixe aussi des délais de transports variables avec la nature des expéditions. Voilà des *maxima* que la Compagnie ne peut pas dépasser. Mais elle est libre de fixer plus bas ses prix effectifs, et c'est ce qu'elle fait dans une multitude de circonstances.

Pour les voyageurs, les billets d'aller et retour, les trains de plaisir, les billets de voyages circulaires, les pèlerinages, les billets de faveur pour les congrégations religieuses, les billets d'abonnements, les billets de collégiens ou d'ouvriers, sont autant de réductions sur les prix. Quelquefois le parcours en chemin de fer d'une localité à une autre est beaucoup plus long que le trajet direct par route de terre. Les prix du trajet en chemin de fer sont abaissés dans ce cas de manière qu'il y ait encore un léger avantage pécuniaire, outre le bénéfice sur la durée du voyage, à suivre la voie ferrée.

Les réductions de prix pour les voyageurs sont néanmoins une exception, tandis que les réductions pour les transports des marchandises sont plutôt la règle. Si les chemins de fer peuvent disputer aux voies navigables le transport des matières encombrantes, cela tient à l'abaissement des prix perçus par les Compagnies. Le problème du service commercial consiste à fixer pour chaque nature de produit, sans jamais dépasser la limite légale, le prix à percevoir qui rendra le bénéfice de la Compagnie le plus grand possible. Si les quantités à transporter restaient constantes, le *maximum* cherché correspondrait à l'adoption du prix-limite pour chaque objet. Mais les déplacements des marchandises ne sont provoqués que par les différences des prix du même objet d'un point à l'autre; le prix du transport, qui s'ajoute au prix de revient de la marchandise au point de départ, peut donc, s'il est trop élevé, opposer un obstacle absolu à son déplacement. A mesure qu'on abaisse ce prix de transport, on permet pour ainsi dire un écoulement plus abondant de marchandises. Le bénéfice de la Compagnie varie avec le tarif qu'elle perçoit et la quantité qu'elle transporte; il s'annule dans deux cas : si le tarif est nul, parce qu'alors elle ne perçoit rien, et si le tarif est assez élevé pour être prohibitif, car alors elle ne transporte rien. Entre ces deux extrêmes également défavorables, la Compagnie cherche le tarif moyen qui est le plus rémunérateur. De là les abaissements de taxe, les réductions accordées aux grandes distances parcourues, aux wagons complets, aux grandes quantités transportées. De là les traités particuliers passés avec les mines, les usines, les grands établissements industriels, qui la plupart obtiennent la faculté de se raccorder par des embranchements particuliers avec les réseaux des Compagnies, et qui leur assurent du trafic; de là l'adoption des *tarifs différentiels,* dont le seul nom a le pouvoir de soulever bien des récriminations peu fondées. Qu'on réclame des Compagnies l'égalité de traitement pour les différents intérêts en présence, sans acception de personnes, rien de mieux. Mais cette égalité suppose l'égalité des situations, et, quoi qu'on fasse, le commerçant qui assure à un chemin de fer un transport annuel de 10,000 tonnes, est dans d'autres conditions que celui qui en transporte une seulement; le premier a droit à des ménagements qui ne sont pas admissibles pour le second. Les tarifs différentiels sont d'ailleurs appliqués dans bien d'autres occasions, où ils passent presque inaperçus. Les entreprises d'omnibus, qui prennent six sous pour un transport de quelques pas ou de plusieurs kilomètres, la poste aux lettres, qui, pour porter une lettre de Paris à Montrouge, fait payer le même prix que de Dunkerque à Perpignan, appliquent tous les jours les tarifs différentiels, au grand avantage du public.

Les tarifs effectifs des Compagnies sont soumis à l'examen de l'administration, et n'entrent en vigueur qu'après l'*homologation* du ministre.

Ce que nous venons de dire suffit pour montrer la complication des questions qu'est appelé journellement à résoudre le service commercial d'une Compagnie. Il faut qu'il connaisse la situation de tous les marchés, les besoins et les ressources des diverses industries, qu'enfin il soit toujours prêt à modifier les conditions des transports, de manière à satisfaire le mieux possible aux vrais intérêts de la Compagnie. Ces fonctions ne peuvent être convenablement remplies que par des hommes doués d'une aptitude spéciale et d'une expérience consommée.

Nous pouvons rattacher au chapitre de l'exploitation l'indication sommaire des dispositions législatives qui s'appliquent aux voies ferrées.

Une loi du 15 juillet 1845 règle les principes de la police des chemins de fer. Elle est divisée en trois titres : le premier a rapport à la conservation des chemins de fer et aux servitudes dont sont frappées les propriétés riveraines ; le second traite des contraventions de voierie qui peuvent être commises par les concessionnaires ; le troisième a pour objet la sûreté de la circulation des trains, et édicte des peines contre ceux qui y apporteraient des entraves. Cette loi du 15 juillet 1845 est complétée par une ordonnance royale du 15 novembre 1846, grand règlement en quatre-vingts articles, qui répond à peu près à toutes les questions qu'on peut se faire relativement à la construction et à l'exploitation des voies ferrées. L'ordonnance du 15 novembre 1846 est divisée en huit titres : le premier, subdivisé en deux sections, traite des stations et de la voie ; le second, du matériel employé à l'exploitation; le troisième, de la composition des convois ; le quatrième, de leur départ, de leur circulation et de leur arrivée ; le cinquième, de la perception des taxes et des frais accessoires ; le sixième, de la surveillance de l'exploitation ; le septième, des mesures concernant les voyageurs et les personnes étrangères au service ; enfin le huitième renferme des dispositions diverses. Cette volumineuse ordonnance donne prise à quelques critiques. Remontant à une époque où les chemins de fer étaient peu développés, elle fixe d'une manière absolue quelques principes contestables, sur lesquels il a fallu revenir; elle exige parfois des Compagnies des mesures qu'on ne parvient pas à exécuter. Ainsi, l'ordonnance veut que les machines soient toujours en tête des trains, et ne prévoit pas la double traction avec machine en tête et machine en queue, procédé si usité sur les fortes rampes ; elle prescrit une communication entre les garde-freins et le mécanicien, et l'on sait quelles difficultés présente encore aujourd'hui la solution pratique d'un tel problème. Elle fixe à 500 mètres au *minimum* la distance à laquelle on doit porter, en arrière d'un train en détresse, le signal destiné à le couvrir, comme si cette distance ne dépendait pas de la vitesse de la marche, des déclivités de la voie, du nombre des freins et de la puissance des moyens d'arrêt, circonstances dont il n'est pas question dans l'ordonnance. C'est l'écueil des réglementations générales : elles peuvent être à la fois trop précises et incomplètes, et créer des obligations gênantes sans profit pour les intérêts qu'elles ont la prétention de défendre. Le cahier des charges des six grands réseaux français, dont la rédaction date de 1859, n'a pas évité entièrement cette faute; on lit dans l'article 19 : « Le poids des rails sera au moins de 35 kilogrammes par mètre courant sur les voies de circulation, si ces rails sont posés sur traverses », condition tout à fait illusoire, puisque l'espacement des traverses, qui influe autant que le poids des rails sur la résistance de la voie, est laissé à l'arbitraire des Compagnies. Cet article 19, suivi à la lettre, eût condamné le rail d'acier de 30 kilogrammes, que de grandes Compagnies préfèrent aujourd'hui au rail de fer satisfaisant aux conditions du cahier des charges.

A côté de ces dispositions législatives applicables à l'ensemble du réseau français, chaque Compagnie a ses règlements spéciaux, qui, proposés par elle, examinés et retouchés par l'administration, enfin approuvés par le ministre des travaux publics, prennent force de loi, et fixent d'une manière précise les devoirs de chaque branche du personnel. Des ordres de service particuliers complètent jour par jour les règlements généraux.

La manie de la réglementation est sans doute l'un des travers les plus regrettables de l'esprit français. Sous cette inspiration, on a procédé d'abord par voie de dispositions générales : *ce qui est bon ici ne peut être mauvais là,* disait-on, et on étendait à toute la France une mesure approuvée pour une région particulière. Rien de mieux, si l'on possédait le bien absolu. Mais ce qu'on appelle le bien ici-bas est toujours relatif; on devra l'abandonner dès qu'on aura trouvé mieux; or pour trouver il faut chercher, et pour chercher il faut avoir un peu d'indépendance. La réglementation générale la plus parfaite présenterait donc encore le plus grave des inconvénients, celui de couper court à toute initiative personnelle, de supprimer tout progrès, et d'aboutir à l'immobilité, puis à la décadence. On voit par là quel intérêt impérieux commande à l'État le respect de l'indépendance des Compagnies, et quelle mesure l'administration doit apporter dans ses rapports avec celles-ci.

Ces rapports sont établis au moyen de services spéciaux de contrôle, comprenant des inspecteurs et des ingénieurs des ponts et chaussées et des mines, des conducteurs et des gardes-mine, enfin un certain nombre de commissaires de surveillance, qui sont établis dans les principales gares, pour veiller à l'exécution des règlements. La justice n'intervient que dans le cas des accidents graves ayant entraîné blessures ou mort d'homme.

CHAPITRE VI

LES CHEMINS DE FER AU POINT DE VUE LÉGISLATIF ET AU POINT DE VUE FINANCIER

L'histoire législative des chemins de fer français peut se partager en plusieurs périodes. De 1823 à 1842, on rencontre d'abord la période des essais. L'État commence par concéder à des compagnies, par simple ordonnance royale et à titre de propriété perpétuelle, les lignes de Saint-Étienne à la Loire (1823), de Saint-Étienne à Lyon (1826), d'Andrezieux à Roanne (1828); puis, en 1833, la ligne d'Alais à Beaucaire, aux mêmes conditions, mais avec intervention du pouvoir législatif. Les petites lignes de Paris à Saint-Germain, de Paris à Versailles, de Montpellier à Cette, de Mulhouse à Thann, de Bordeaux à la Teste, datent de la même époque; ce sont les premières où l'on ait eu spécialement en vue le transport des voyageurs, et aussi les premières qui aient été concédées pour un temps déterminé. En 1837, le gouvernement présenta à la Chambre des députés des projets de lois concernant l'exécution de plusieurs grandes lignes. On discutait beaucoup à cette époque la question de savoir si la construction des chemins de fer devait être réservée à l'État, ou concédée à des compagnies privées. L'Angleterre avait adopté la seconde solution, la Belgique s'était tenue à la première. En France, après de longues délibérations, les projets de lois furent rejetés, et les préoccupations politiques firent ajourner à plusieurs années les mesures législatives qui pouvaient assurer au pays l'exécution de son premier réseau. La fin de cette première période n'est cependant pas aussi vide, en fait de voies ferrées, qu'on pourrait le penser d'après les théories rétrogrades ouvertement professées dans les Chambres de cette époque. On avait les plus grands doutes sur l'utilité et sur l'opportunité des chemins de fer. De profonds politiques n'avaient pas de peine à démontrer que jamais une pareille invention ne prendrait racine dans notre pays : les résiliations forcées de quelques concessions malheureuses semblaient donner raison à ces prophètes de malheur. Quoi qu'il en soit, dès la fin de 1841, année qui ferme la période des essais, la France possédait 319 kilomètres de chemins de fer en exploitation, et son réseau projeté atteignait la longueur de 566 kilomètres.

L'ère du développement des chemins français date de la loi du 11 juin 1842, qui fixa les traits principaux du réseau général, et posa le principe du partage des attributions entre l'État et les compagnies concessionnaires. D'après cette loi l'État se charge de toute l'*infrastructure* des chemins à construire, c'est-à-dire des terrassements et des travaux d'art; la *superstructure*, le matériel roulant, et enfin les dépenses d'exploitation sont à la charge des compagnies concessionnaires; le privilége de ces compagnies doit avoir une durée déterminée. Tel est le système mixte dans lequel le réseau français commença à s'étendre. Malgré la crise financière et commerciale de 1847, qui amena la déchéance de quelques-unes des compagnies, le réseau présentait au 1er janvier 1848 une longueur concédée de plus de 4,000 kilomètres, dont 1,824 déjà exploités. La révolution du 24 février, et les désordres qui suivirent, faillirent compromettre les résultats déjà acquis et ajourner tout progrès ultérieur. Plusieurs chemins de fer furent mis sous séquestre, entre autres le chemin de fer de Paris à Orléans, qui, ouvert depuis 1843, avait présenté jusque-là tous les signes d'une prospérité bien réelle. La Commission exécutive proposa à l'Assemblée constituante, le 17 mai 1848, le rachat de tous les chemins de fer, et la substitution pure et simple de l'exploitation par l'État au système des concessions à l'industrie privée : cette mesure reçut un commencement d'exécution, et fut appliquée à la compagnie du chemin de Paris à Lyon, dont les actionnaires échangèrent leurs titres contre des rentes sur l'État.

Le progrès des voies ferrées, un moment suspendu par les événements politiques, reprend avec vigueur en 1851. L'État, au lieu de se montrer exigeant envers les compagnies, au lieu d'employer à leur égard des mesures radicales qui achèvent leur ruine et détournent les capitaux de ce genre d'entreprises, les soutient au contraire, soit par des avances en argent ou en travaux, soit par des garanties d'intérêt, soit enfin par des subventions. Il concède pour 99 ans à la Compagnie de l'Ouest la ligne de Paris à Rennes, déjà exploitée jusqu'à Chartres, et tout en prenant à sa charge les terrassements et les travaux d'art, conformément au système de la loi de 1842, il lui garantit 4 pour 100 d'intérêt sur ses dépenses, évaluées à forfait au chiffre de 55 millions de francs.

Le changement de gouvernement qui eut lieu à la fin de 1851, et qui l'année suivante ramena l'Empire, profita largement aux chemins de fer. Dès l'année 1852, on procède à l'unification des concessions et des tarifs. C'est de cette année que datent le partage du territoire en un petit nombre de régions, et le groupement des lignes par région entre les mains de compagnies puissantes : mouvement de centralisation qui, en créant des personnalités vivaces et en réduisant les frais généraux des entreprises, a assuré l'avenir et le succès définitif des voies ferrées. On ramena d'une manière générale à 99 ans la durée des concessions. Un cahier des charges uniforme fut imposé à toutes ces entreprises. La seule critique sérieuse que l'on ait faite à ces dispositions, c'est que la fixation des tarifs pour une période de 99 années suppose dans la valeur de l'argent une constance que l'histoire économique de ce siècle suffit à démentir.

Le territoire de la France est partagé aujourd'hui entre six grandes compagnies de chemins de fer ; d'autres compagnies de moindre importance exploitent des lignes secondaires intercalées dans les mailles du grand réseau.

Ces six grandes compagnies sont :

1° La compagnie du *Nord,* dont la constitution définitive remonte au décret du 19 février 1852 ;

2° La compagnie d'*Orléans,* fondée le 27 mars 1852 par la fusion des compagnies de *Paris à Orléans,* du *Centre,* d'*Orléans à Bordeaux,* de *Tours à Nantes,* et grossie plus tard par une partie du *Grand Central;*

3° La compagnie de *Paris à Lyon et à la Méditerranée,* d'abord divisée dès 1852 en deux compagnies distinctes, puis réunie en une seule par décret du 19 juin 1857, et augmentée à cette même date par l'absorption des lignes du *Bourbonnais,* de *Lyon à Genève,* et de la partie sud-est du *Grand Central;*

4° La compagnie de l'*Est,* qui réunissait à la ligne de *Paris à Metz et à Strasbourg* les lignes de *Montereau à Troyes,* de *Blesme à Gray,* et celle de *Strasbourg à Bâle;*

5° La compagnie de l'*Ouest,* fondée le 7 avril 1855 par la réunion des lignes de l'ancienne compagnie de l'Ouest avec celles de *Paris à Saint-Germain,* de *Paris à Rouen,* de *Rouen au Havre, à Dieppe et Fécamp,* de *Paris à Cherbourg;*

6° Enfin la compagnie du *Midi,* constituée par décret du 24 août 1852.

De 1852 à 1857, le réseau français a été porté à plus de 16,000 kilomètres, dont 15,000 environ répartis entre les six grandes compagnies, les 1,000 kilomètres restants étant concédés aux compagnies secondaires. Les concessions ont en général 99 ans de durée, et le cahier des charges reconnaît à l'État le droit de les racheter avant ce délai à des conditions définies.

Une crise financière qui s'étendit sur toute l'Europe en 1858, et que la guerre d'Italie, en 1859, ne contribua pas à apaiser, vint mettre à rude épreuve le crédit de ces grandes compagnies, qui jusque-là avait paru si bien assuré. Si elles s'étaient bornées à construire et à exploiter leurs lignes principales, il est probable que la crise eût sévi autour d'elles sans beaucoup les faire souffrir. Mais aux lignes principales et nécessairement productives, on avait joint, au temps de la prospérité, une foule de lignes secondaires et d'embranchements de médiocre valeur, dont la construction coûtait néanmoins assez cher, et dont les produits devaient à peine couvrir les frais d'exploitation. Si l'État avait abandonné les compagnies à leurs propres forces, l'avenir du réseau était de nouveau compromis, et avec lui l'avenir de l'industrie et du commerce de la France. La loi du 11 juin 1859, en approuvant de nouvelles conventions passées entre les compagnies de chemins de fer et le ministre des Travaux publics, mit fin à ces épreuves et donna une nouvelle impulsion au développement du réseau. Ces nouvelles conventions partagent le réseau de chaque compagnie en deux portions : l'*ancien réseau,* formé des lignes principales, reste dans les conditions des concessions anciennes, c'est-à-dire, en général sans garantie d'intérêt par l'État ; le *nouveau réseau,* dont l'étendue s'élève en moyenne à la moitié du développement de l'ancien, a ses revenus garantis par l'État, pendant une durée de 50 années, à raison de 4,655 pour 100 par an, amortissement compris, sur un capital total de 3,132 millions. Les mêmes conventions stipulent en outre deux limites du revenu kilométrique, l'une pour l'ancien réseau, l'autre pour le nouveau; au-dessus de la limite relative à l'ancien réseau, les revenus nets de ce réseau sont attribués comme suppléments de recettes au nouveau, compagnie par compagnie, de manière à diminuer d'autant l'intérêt garanti par l'État; au-dessus de la limite relative au nouveau réseau, les compagnies doivent, à partir de 1872, partager leur excédant de revenu avec l'État. D'ailleurs, dès que le revenu du nouveau réseau se sera amélioré de manière à dépasser l'intérêt garanti, les compagnies doivent rembourser l'État des sommes qu'il leur aura versées à titre de complément d'intérêt, en lui tenant compte de l'intérêt de ces sommes à 4 pour 100.

De nouvelles conventions eurent lieu en 1863, les unes pour rectifier les conditions consenties par les Compagnies de l'Est et de l'Ouest d'après des estimations reconnues depuis inexactes, les autres pour ajouter de nouvelles lignes aux concessions des Compagnies, et former ainsi un *troisième réseau*. Ces nouvelles lignes étant très-peu productives, l'État doit fournir, sous forme de subvention, une partie du capital de premier établissement.

Les conventions de 1863 portèrent à 19,000 kilomètres la longueur des lignes concédées. Les dernières années de l'Empire l'augmentèrent encore; elle était de 23,000 kilomètres à la fin de 1870; 17,900 kilomètres étaient en exploitation à la même date. Dans ce total ne sont pas compris les 835 kilomètres de chemins de fer du territoire cédé à l'Allemagne, en 1871, par le traité de Francfort. Parmi les mesures à signaler dans cette période de 1863 à 1870, on remarque la loi relative aux *Chemins de fer d'intérêt local,* du 12 juillet 1865; à la fin de 1870, une longueur totale de 1770 kilomètres de ces chemins de fer était concédée, répartie entre 27 départements. La longueur exploitée, limitée à 6 départements seulement, s'élevait à 268 kilomètres.

Depuis la révolution du 4 septembre 1870, et par suite des essais de décentralisation administrative tentés en 1871, le nombre des demandes de concession de chemins de fer d'intérêt local n'a fait qu'augmenter, et l'Administration centrale est appelée à modérer plutôt qu'à stimuler l'ardeur de ces entreprises un peu hasardées. Parmi les lignes proposées, il en est peu qui promettent un revenu quelconque; avant d'accorder une concession, il convient de vérifier que la Compagnie concessionnaire est en état d'exécuter les travaux, de parfaire sa ligne et d'installer une exploitation bien réelle. Enfin, l'intérêt général et l'équité s'accordent à exiger que ces concessions ne portent aucun préjudice aux droits acquis, et qu'elles ne compromettent en aucun cas les anciennes Compagnies, dont le crédit importe tant à la prospérité nationale.

Les compagnies de chemins de fer sont des sociétés anonymes dont le capital est formé en général de deux parts, l'une représentée par les *actions*, l'autre par les *obligations*. Les *actions* sont des titres qui donnent droit au partage des bénéfices de l'entreprise; l'actionnaire a des revenus variables avec l'état de prospérité de la Compagnie dont il fait partie. Les obligations sont les titres des emprunts faits par la Compagnie; elles portent un intérêt annuel fixe, et sont remboursables à un certain prix, par voie de tirage au sort, dans un délai déterminé. Les actions sont aussi tirées au sort, et remboursées au prix de leur émission. Mais l'actionnaire, ainsi remboursé du capital nominal qu'il est censé avoir versé, reçoit en outre un nouveau titre appelé *action de jouissance,* qui lui assure le dividende de l'entreprise jusqu'à la fin de la concession.

La plupart des actions des chemins de fer français ont une valeur nominale de 500 francs. Les Compagnies n'appellent pas dès l'origine la totalité de ce capital, et échelonnent autant que possible les versements à demander aux actionnaires. Au 1er janvier 1870, le nombre des actions des chemins de fer français montait à 3,217,417, représentant un capital effectivement rassemblé de 1,539,917,515 francs.

L'idée d'avoir recours aux emprunts pour compléter le capital social ne remonte pas à plus d'une vingtaine d'années. Antérieurement, les Compagnies avaient parfois recours à des emprunts, mais c'était dans des circonstances exceptionnelles, presque toujours pour faire face à des embarras momentanés. La création de l'obligation a fait participer à la création des chemins de fer les capitaux craintifs, les plus abondants dans tous les pays, qui reculaient devant les chances variables offertes aux actionnaires. L'obligation 3 0/0, émise à un taux qui n'a pas dépassé 325 francs, porte 15 francs l'intérêt annuel, payables à deux échéances par année; elle doit être remboursée pendant la durée de la concession à 500 francs, de sorte que l'obligataire a un intérêt annuel de 5 0/0 pendant tout le temps de sa jouissance, et qu'il est remboursé avec un bénéfice d'environ 200 francs par titre, ce qui actuellement représente un bénéfice net, et ce qui compensera probablement la dépréciation subie par l'argent si le remboursement se fait attendre. Il y a d'autres formes d'obligations, les unes remboursables à 625 francs, d'autres encore à 1,200. Tous ces titres sont très-appréciés des petits capitalistes, qui cherchent avant tout dans un placement la sûreté et la régularité des revenus. Les obligations des grandes Compagnies sont classées sur le marché de Paris immédiatement au-dessous de la rente; quelques-unes jouissent de la garantie de l'État. Au 1er janvier 1870, on comptait 17,928,192 obligations émises par les Compagnies, représentant un capital total réalisé de 5,526,942,178 francs; le capital remboursable s'élevait à 8,965,821,040 francs. Le nombre des obligations déjà remboursées montait à 380,844, ce qui correspond à la somme de 208,039,125 francs.

Ces titres, actions ou obligations sont frappés d'un impôt. Jusqu'en 1857 ils en étaient exempts. Les besoins du trésor, épuisés par les efforts de la guerre de Crimée, conduisirent le Gouvernement et le Corps législatif à chercher dans les chemins de fer une nouvelle matière imposable. Or il s'en fallait que les chemins de fer fussent dégrevés de toute charge envers le trésor public. Ils versent directement l'impôt du dixième sur le prix des places des voyageurs, l'impôt du dixième sur le transport des marchandises à grande vitesse, les impôts indirects sur toutes les matières consommées par l'exploitation, notamment les droits de douane sur le combustible importé de l'étranger, l'impôt foncier pour le sol et les bâtiments occupés par la Compagnie; la patente du commerçant, enfin les timbres des récépissés et des lettres de voiture. A cela, il faut ajouter les économies réalisées par l'État sur une foule de services publics : transport des soldats, marins, prisonniers, agents des douanes et des contributions indirectes, transport des dépêches, service télégraphique, transports spéciaux de la guerre, transports spéciaux des finances. Pour être équitable, il faudrait encore grossir ces économies de l'augmentation des impôts indirects, qui résulte de la plus grande prospérité commerciale dont les chemins de fer sont les meilleurs agents. Il y avait de graves objections à opposer à la proposition de frapper d'un impôt les porteurs de titres. Les entreprises de chemins de fer ne diffèrent des entreprises commerciales que par un développement plus étendu. Frapper d'un impôt les actions et les obligations, c'est poursuivre, pour ainsi dire, l'association des capitaux, et créer par opposition un privilége en faveur des entreprises individuelles, qui échappent par l'absence de titres négociables à une contribution de cette nature. Le législateur de 1857 tourna la difficulté en faisant porter l'impôt sur la vente du titre plutôt que sur le titre lui-même. Mais comme la vente d'un titre au porteur peut passer inaperçue, il partagea les titres en deux classes, soumises chacune à des conditions spéciales : *les titres nominatifs*, dont la propriété est constatée par l'inscription sur les registres de la Compagnie, furent exempts d'impôt annuel, et soumis seulement à un droit de mutation à l'époque de leur vente, et *les titres au porteur* furent frappés annuellement d'un droit calculé chaque année d'après la cote moyenne de leur valeur à la bourse, et représentant l'équivalent probable des sommes que le trésor eût dû toucher à titre de droit de mutation au moment de leur vente.

Les nécessités financières auxquelles la triste issue de la guerre de 1870-71 condamna la France, forcèrent de revenir sur ces mesures et de les aggraver. L'impôt annuel est aujourd'hui étendu à tous les titres, impôt moins lourd sur les titres nominatifs, plus lourd sur les titres au porteur; la différence est destinée à compenser le droit de mutation, dont ceux-ci sont naturellement affranchis.

CHAPITRE VII

DES CHEMINS DE FER DANS CERTAINES CIRCONSTANCES EXCEPTIONNELLES

L'utilité des chemins de fer ressort évidemment, dans les circonstances ordinaires, de ce fait que les transports y augmentent d'une manière continue, et que l'extension graduelle du réseau coïncide avec les progrès de la richesse générale. Mais la puissance du nouveau moyen de transport se montre mieux encore dans certains cas exceptionnels où une calamité publique vient déjouer les calculs de la prudence humaine. Prenons pour exemple les disettes, qui autrefois suivaient invariablement les mauvaises récoltes : on sait combien ce fléau s'est fréquemment appesanti sur la France ; on était trop heureux quand il ne sévissait pas avec une extrême intensité, et qu'il ne dégénérait pas en une de ces famines dont l'histoire a conservé le lugubre souvenir. Les mauvaises récoltes sont nécessairement locales ; telle contrée manque de grains parce que l'année a été trop sèche ; telle autre, par la même raison, a une récolte surabondante, et la disette ne sera pas à craindre si l'excédant de l'une sert à compenser le déficit de l'autre. Mais il faut, pour qu'il en soit ainsi, qu'il existe entre les deux des moyens de transport rapides et économiques : rapides, pour que les suppléments de subsistance n'arrivent pas trop tard ; économiques, pour que le commerce puisse retirer de ses opérations un bénéfice qui le détermine à les entreprendre. Or, les chemins de fer satisfont, et satisfont seuls à cette double condition. On a remarqué que plus les moyens de transport se perfectionnaient, plus les prix sur les divers marchés tendaient à devenir uniformes. Par exemple, l'écart maximum, il y a cinquante ans, entre les prix de l'hectolitre de blé sur les différents marchés de la France montait parfois à 40 francs ; il se réduit à 20 francs en 1847, à 7 francs en 1861, après l'achèvement des principales voies ferrées, et maintenant le blé est sensiblement au même prix sur une grande partie du territoire français. « Qu'une hausse d'un franc par hectolitre, dit M. Jacqmin[1], se produise aujourd'hui sur un marché, les négociants placés dans un cercle de 200 à 300 kilomètres de rayon, tracé autour de ce marché, en sont avertis par le télégraphe pendant la durée même du marché, et trente offres se présentent pour répondre au besoin manifesté par cette hausse : or 1 franc par hectolitre représente 12 fr. 50 par tonne, et avec 12 fr. 50 par tonne, on peut faire parcourir 200 à 300 kilomètres sur les chemins de fer. » Ce nivellement général des valeurs supprime les prix de disette. Les chemins de fer, qui s'étendent aujourd'hui dans toute l'Europe, tendent à y opérer le même nivellement, et à répartir le fléau des mauvaises récoltes sur une surface assez grande pour qu'il devienne tout à fait insensible aux populations.

Après la disette, la plus grande calamité qui pèse sur les nations est la guerre. Ici encore le rôle des chemins de fer est considérable.

On avait espéré à l'origine que les chemins de fer permettraient de réduire les armées permanentes : une armée qu'on a le moyen de transporter très-rapidement d'un point à un autre vaut autant, disait-on, que deux armées ; Bonaparte l'a bien prouvé dans sa première campagne d'Italie. Avec les chemins de fer, tous les généraux peuvent devenir des Bonaparte. Les événements n'ont pas vérifié cette appréciation. L'art militaire a fait, hélas ! de trop grands progrès, et la consommation

1. *De l'exploitation des chemins de fer*, t. II, p. 129.

d'hommes qu'exige la guerre moderne est plus rapide et plus abondante qu'à aucune autre époque de l'histoire. Depuis que les armées ne se comptent plus que par centaines de mille hommes, depuis qu'elles sont devenues si nombreuses que le général en chef ignore le plus souvent où elles sont, et comment il doit les faire manœuvrer, le transport rapide de ces immenses collections d'hommes, et du matériel encombrant qui les accompagne, est un problème d'une extrême difficulté pratique. Il y faut un ordre des plus précis, une régularité mathématique, sans quoi ces mouvements extraordinaires dégénèrent en un désordre dont les conséquences sont incalculables; il y faut avant tout, sur les voies, un matériel suffisant toujours disponible, et dans les gares, des appropriations convenables pour le chargement et le déchargement rapide des hommes, des chevaux, des canons, des munitions de guerre et de bouche. Il est nécessaire que la tâche du chemin de fer ne soit pas entravée par les autres services; que l'intendance, par exemple, n'immobilise pas dans les gares des wagons transformés en magasins, et qu'elle se hâte d'évacuer les locaux encombrés par ses arrivages. Par ces conditions multiples, que nous sommes loin d'avoir toutes énumérées, et qui s'imposent non-seulement à un service en particulier, mais à tous les services appelés à coopérer à une œuvre aussi complexe que la guerre, on peut pressentir que le succès définitif d'une campagne appartient de droit à celle des deux puissances rivales qui aura les plus puissants moyens de transport, et qui saura en faire le meilleur usage. L'histoire contemporaine donne à cet égard les plus éloquentes leçons. Prenons la guerre d'Orient de 1854 à 1856. La lutte entre la Russie et les puissances occidentales a été bientôt localisée dans la Crimée; entre des armées douées à peu près de qualités égales, la balance devait pencher en faveur de celle qui pourrait disposer contre l'autre des moyens de destruction les plus formidables et les plus fréquemment renouvelés. Or, la Russie n'avait qu'un chemin de fer de quelque étendue, celui de Pétersbourg à Moscou. Du centre de la Russie à Sébastopol, il y a encore près de 1,400 kilomètres à franchir, dont 600 à 650 seulement étaient alors à l'état de chaussée empierrée; le reste traverse un pays dépourvu de ressources. Les alliés avaient pour eux la navigation à vapeur, et en somme le théâtre de la guerre était, comme facilité d'approvisionnements, plus près de la France et de l'Angleterre que de la Russie. La guerre finie, le gouvernement russe s'est occupé aussitôt de doter son pays d'un réseau de voies ferrées.

Une autre expérience instructive est fournie par la guerre de 1870-1871. Nous ne pouvons mieux faire à ce propos que de renvoyer le lecteur aux leçons faites, en 1872, à l'École des ponts et chaussées par M. Jacqmin, maintenant Directeur des chemins de fer de l'Est. On y verra le relevé des fautes qui, commises par nous, ont assuré le triomphe de nos adversaires. En Allemagne, tout est prévu, tout est préparé d'avance. Les trains qui doivent servir à la concentration des troupes ont été réglés depuis longtemps pendant les loisirs de la paix. On ne peut qu'admirer la concordance et la précision des mouvements qui amènent en quelques jours jusque sur nos frontières, sans tumulte, sans désordre, les forces écrasantes sous lesquelles nous allions succomber. Et ce n'est pas seulement au début, c'est pendant toute la durée de la campagne, que l'exploitation militaire offre le même caractère d'ordre et de régularité : on ne néglige rien pour arriver au résultat. Les commandants d'étapes placés dans les stations principales concourent avec les commandants des corps au maintien de la discipline militaire dans les gares, et veillent à l'expédition des trains aux heures fixées par le règlement. Des commissions d'exploitation, réunissant l'élément technique à l'élément militaire, administrent les diverses sections du territoire occupé. Du côté des Français, au contraire, nous voyons d'abord, il est vrai, un essai d'organisation des chemins de fer au point de vue militaire, tenté par le maréchal Niel; mais cet essai est oublié presque aussitôt après sa mort, et l'opinion renaît bientôt qu'à des soldats vaillants rien ne doit être impossible. Une fois la guerre déclarée, le ministère se borne à *réquisitionner* les compagnies, sans examiner la possibilité qu'elles ont de satisfaire à ses demandes. Puis tout le monde commande à la fois : celui-ci réquisitionne les locomotives, celui-là les wagons; un troisième vient qui commande un train spécial. Ici les lignes sont encombrées de trains, qui doivent s'arrêter à chaque pas; le trajet en chemin de fer prend plus de temps que n'en demanderait le même trajet à pied. Un autre jour, on envoie un corps d'armée dans une station qui est hors d'état de le recevoir [1].

Au milieu d'un si grand désordre, dont la responsabilité ne retombe en aucune façon sur elles,

1. Il en fut ainsi à la station de Clerval, sur la ligne de Besançon à Montbéliard, où fut débarqué le 13e corps d'armée pendant la campagne de l'Est. Cette station n'avait ni quais pour le débarquement du matériel et des chevaux, ni voies de garage. « Il en résulta, dit M. de Freycinet, des retards immenses et un encombrement dont rien ne peut donner une idée. »

les compagnies de chemin de fer ont su rendre à la défense nationale les services les plus signalés, et elles peuvent citer nombre d'opérations qui leur font le plus grand honneur. Elles ont satisfait, sans aucun accident, à l'immense mouvement de voyageurs dont les uns fuyaient Paris avant l'investissement, dont les autres y venaient chercher un refuge. Pendant l'armistice, elles ont sauvé la capitale de la famine en hâtant le ravitaillement, malgré le petit nombre de lignes disponibles et l'encombrement du matériel. Comme mouvement de troupes, on doit citer le mouvement tournant exécuté pour le transport des corps d'armée du maréchal de Mac-Mahon, du général de Failly et du général Félix Douay, ce dernier partant de Belfort et passant par le chemin de fer de ceinture, à Paris, pour se concentrer entre Châlons et Reims, et le transport du corps du général Vinoy de Paris à Mézières, opérations qui, au dire des Allemands eux-mêmes, ont dépassé, comme précision et comme ensemble, tout ce qu'on avait pu faire sur les chemins de fer de l'Allemagne.

Les chemins de fer ont une précieuse propriété, celle de se plier à toutes les variétés des saisons, des climats, des contrées. C'est un moyen de transport universel. D'abord tracé dans les pays de plaines et le long des vallées des grands fleuves, le réseau s'est graduellement étendu à travers les terrains les plus accidentés, et il a pénétré maintenant dans les contrées les plus montagneuses. On avait pensé que l'abondance des neiges arrêterait les trains pendant l'hiver sur les chemins de fer du Nord de la Russie. Il n'en est rien, et les lignes de Pétersbourg à Moscou et à Varsovie, qui touchent au 60me degré de latitude, ne sont pas plus fréquemment interceptées par les neiges que certaines lignes beaucoup plus méridionales, telles que la ligne de Vienne à Trieste dans la traversée du Karst, c'est-à-dire à l'extrémité la plus voisine de l'Adriatique. La création des chemins de fer dans les pays du Nord est en tout temps un immense bienfait ; mais ce bienfait n'est jamais mieux senti qu'à l'époque du dégel, quand les routes de terre deviennent impraticables. Nous retrouvons les chemins de fer en Algérie, en Égypte, dans l'Inde anglaise, et les pays chauds en tirent un aussi bon parti que les contrées les plus froides.

De même, si les chemins de fer sont un auxiliaire indispensable pour les pays très-peuplés, et jouissant depuis longtemps d'une industrie riche et florissante, on doit voir en eux un des plus puissants agents civilisateurs pour les pays nouveaux, dont la population est clair-semée, et dont la mise en valeur exige le travail de plusieurs générations. Le développement d'un tel pays, réduit à ses ressources propres, pourrait demander des siècles; mais l'importation des procédés les plus parfaits peut lui épargner bien des tâtonnements et le sauver de bien des défaillances. De même qu'une armée européenne, en guerre avec une peuplade sauvage, n'abandonne pas ses canons et ses fusils à tir rapide pour prendre les arcs et les flèches des naturels du pays, et ne s'impose pas l'obligation de les combattre avec leurs propres armes, de même la civilisation doit toujours employer les moyens les plus perfectionnés pour vaincre les obstacles qui l'empêchent de se répandre. Parmi ces moyens, le chemin de fer est peut-être celui qui agit le plus vivement sur l'imagination, celui qui donne une plus haute idée de la puissance de l'esprit humain et des bienfaits de son industrie. En Amérique, en Australie, les chemins de fer ont rendu possible la prise de possession du pays. En Asie, ils sont sans doute destinés à rendre un peu de vie à d'antiques nations, depuis longtemps endormies dans l'immobilité et le silence. Qui sait si l'Afrique, dont le pourtour est aujourd'hui à peine entamé par l'influence européenne, ne se laissera pas pénétrer par les voies ferrées, et si les trains, franchissant le désert d'oasis en oasis, ne sont pas appelés à remplacer les caravanes?

De ce que les chemins de fer possèdent une supériorité incontestable sur les autres moyens de locomotion, on aurait tort de conclure qu'ils doivent les remplacer tous, et qu'un jour viendra où ils seront le mode universel de transport. Un chemin de fer ne supplée pas une route; car le chemin de fer fait communiquer ensemble des points discontinus, tandis que la route, prolongée par les chemins et les sentiers, permet d'accéder partout, et est l'intermédiaire forcé de la concentration et de la répartition des produits. Comparé aux voies navigables, un chemin de fer a l'avantage de n'être sujet ni aux crues, ni aux glaces, ni aux basses eaux, et de permettre des transports plus rapides; par contre, les rivières canalisées et les canaux offrent un mode de transport plus économique; ils se prêtent à la liberté de la circulation, et ont par cela même une puissance presque indéfinie, pourvu que l'eau ne leur manque pas. Enfin les canaux intéressent non-seulement les transports, mais encore l'agriculture et l'industrie, et sont des agents indispensables à l'utilisation des ressources hydrauliques d'un pays. En résumé, chaque moyen de transport a son mérite, et ce n'est pas de l'un à l'exclusion des autres, mais bien du concours de tous, qu'on peut attendre le véritable progrès.

CHAPITRE VIII

STATISTIQUE

Quelques données statistiques compléteront notre revue, et achèveront de fixer les idées sur l'importance de l'industrie des voies ferrées. L'inconvénient de ces tableaux, c'est d'être forcément en retard, car les données exactes sont toujours difficiles à recueillir ; il faut du temps pour les grouper et les ramener à des termes simples et d'une lecture commode. On ne sera donc point surpris de nous voir remonter à des années déjà un peu loin de nous. Pour la France, nous prendrons l'année 1869, dernière année d'une période d'exploitation normale; pour l'Europe, 1868, et 1867 pour le monde entier. Nous y ajouterons des renseignements plus récents, mais moins étendus, sur la France et l'Europe en 1876.

FRANCE EN 1869. — La longueur totale du réseau exploité au 31 décembre 1869 était de 16,465 kilomètres ainsi répartis :

Grandes compagnies, ancien réseau.	9,357 kil.
— nouveau réseau.	6,649
Compagnies diverses.	459
	16,465 kil.

Le prix de revient du kilomètre de chemin de fer s'élève, à la même époque,

Pour l'ancien réseau à	510,100 francs
Pour le nouveau réseau à.	436,200
Pour les compagnies diverses qui, parcourant des contrées moins riches, n'ont pas rencontré d'aussi grandes difficultés de construction, et enfin ont presque partout une seule voie.	295,400
En moyenne.	474,200 francs

Le produit net kilométrique de l'exploitation s'élève à 23,283 francs en moyenne; il est maximum pour le chemin de ceinture (rive droite), 90,450 francs, et ensuite pour le Nord (ancien réseau), 47,100 francs; il est minimum pour le Midi (nouveau réseau), 4,024 francs, et les lignes des compagnies diverses, 4,185 francs.

Comme mouvement commercial, on constate les résultats suivants :

Marchandises.	Nombre de tonnes transportées à toute distance.	44,014,000
	Nombre de tonnes transportées à un kilomètre.	6,270,952,000
	Prix moyen du transport d'une tonne à un kilomètre	6 centimes 16
	Parcours moyen d'une tonne.	142 kil.
Voyageurs.	Nombre total transporté à toute distance	111,164,000
	Nombre total transporté à un kilomètre.	4,107,591,000
	Prix moyen du transport d'un voyageur à un kilomètre, abstraction faite de l'impôt du dixième	5 centimes 43
	Parcours moyen d'un voyageur	37 kil.

Le personnel de l'exploitation comprenait, en 1869, 138,247 personnes, dont 50,863 ouvriers à la journée, 10,344 femmes, 7,532 mécaniciens et chauffeurs, 37,400 chefs de service et employés de tous grades, et 32,108 gens de service et surveillants employés à l'année. Ce personnel se répartit comme il suit entre les divers services :

Administration centrale.	2,028
Mouvement.	54,589
Traction et matériel.	34,530
Voie et bâtiments.	47,150
	138,247

Les accidents de chemin de fer se résument comme il suit pour une période de 10 années, du 1er janvier 1859 au 31 décembre 1869 :

Nombre de voyageurs transportés à toute distance	866,000,000
Nombre d'accidents de chemins de fer	557
Nombre de voyageurs tués	63
— blessés	1,150
Nombre de voyageurs morts par imprudence, ou par d'autres causes indépendantes de l'exploitation	125
Blessés	530

Ces chiffres suffisent pour montrer combien étaient exagérées les craintes que les chemins de fer inspiraient autrefois à certaines personnes. On constate seulement 1 voyageur tué sur 7,000,000 [1], sur 8,000,000 [2], ou même sur 15,000,000 [3] de voyageurs transportés, suivant les années; et les chiffres que nous venons de citer montrent encore qu'il y a plus de morts dues à l'imprudence ou à la maladresse personnelle du voyageur qu'aux faits de l'exploitation. Quant aux blessures, elles sont loin d'avoir toute la même gravité. En somme, le voyage en chemin de fer présente plus de sécurité que les voyages en voitures; il résulterait même d'une statistique dressée en Angleterre par une compagnie d'assurances pour les voyageurs en chemins de fer, que les accidents survenus dans les wagons sont moins fréquents que ceux qui arrivent quand on reste chez soi.

EUROPE EN 1868. — Au 31 décembre 1868, le réseau européen offrait un développement total de 90,901 kilomètres, ainsi répartis entre les divers États :

Angleterre, Écosse, Irlande	23,721
Hollande et grand-duché de Luxembourg	1,373
Belgique	2,962
France	16,254
Espagne	5,340
Portugal	694
Italie	5,583
Suisse	1,307
Autriche-Hongrie	7,118
Allemagne (Prusse, Bavière, Hesse, etc.)	16,577
Danemark	592
Suède et Norvége	2,085
Russie	7,006
Turquie	289

Sur ces 96,901 kilomètres, il y en avait 14,032 exploités par l'État et 76,869 exploités par les compagnies. Les recettes et dépenses de l'exploitation se décomposent comme il suit :

	RECETTES BRUTES		DÉPENSES		PRODUIT NET		PROPORTION DE LA DÉPENSE A LA RECETTE
	TOTALES.	PAR KIL.	TOTALES.	PAR KIL.	TOTALES.	PAR KIL.	P. 0/0.
Lignes de l'État	475,377,777fr	35,313fr	247,018,521fr	18,350fr	228,359,256fr	16,963fr	51,96
Lignes des compagnies	2,623,456,606	36,578	1,242,851,862	17,329	1,380,604,804	19,249	47,38
Totaux	3,098,834,443		1,489,870,383		1,608,964,060		
Moyennes		36,406		17,503		18,905	48,07

LES CHEMINS DE FER DANS LE MONDE ENTIER, EN 1867 :

Europe	81,648 kilom.
Amérique du Nord [4]	63,881
Amérique du Sud	2,255
Asie	6,938
Australie	1,114
Afrique	831
	156,660

1. Moyenne de 10 ans, de 1850 à 1860.
2. En 1863.
3. En 1865.
4. Ce chiffre était déjà porté à 92,000 kilomètres pour les États-Unis seuls en 1872. Le prix moyen du kilomètre ressort à la même époque à 172,000 francs; le revenu brut annuel à 25,800 francs; et, malgré une dépense annuelle qui s'élève à 65 p. 0/0 du produit brut, proportion plus forte que pour aucun chemin européen, le produit net représente encore 5,20 p. 0/0 des capitaux engagés dans les chemins de fer.

RENSEIGNEMENTS POUR L'ANNÉE 1876.

En 1876, le réseau français s'était notablement accru ; il comprenait

CHEMINS D'INTÉRÊT GÉNÉRAL.

Grandes Compagnies. . . (Y compris le chemin de ceinture de Paris et le chemin de grande ceinture) . .	Ancien réseau. . .	Longueur exploitée	9,536 kil.	
		En construction	1,441	
		Total		10,977
	Nouveau réseau. .	Longueur exploitée	8,824 kil.	
		En construction	2,957	
		Concédée éventuellement.	332	
		Total.		12,113
Compagnies diverses . .	Ancien réseau. . .	Longueur exploitée	1,985 kil.	
		En construction.	1,614	
		Concédée éventuellement.	15	
		Total.		3,614
		Longueur totale du réseau concédé.		26,704
		Longueur de chemins décrétés, non concédés. .		1,481
		Longueur totale du réseau d'intérêt général		28,185

CHEMINS D'INTÉRÊT LOCAL.

Longueur exploitée.	2,153 kil.
— en construction	2,467
Longueur totale.	4,620 kil.

CHEMINS INDUSTRIELS.

Longueur exploitée	175 kil.
— en construction.	60
Longueur totale	235 kil.

Longueur totale du réseau : 33,040 kilomètres.

Longueur exploitée au 31 décembre 1876 : 22,673 kilomètres .

Le réseau algérien présentait à la même époque le développement suivant :

Longueur concédée	1,129 kil.
— exploitée	568

La longueur exploitée du réseau d'intérêt général se partage comme il suit, en sections à double voie et sections à simple voie :

	DOUBLE VOIE.	SIMPLE VOIE.	TOTAUX.
Ancien réseau.	6,348 kil. 5	5,172 kil. 1	11,520 kil. 6
Nouveau réseau.	1,506 » 5	7,315 » 8	8,822 » 3
Totaux.	7,855 kil. 0	12,487 kil. 9	20,342 kil. 9

Quant à la statistique des accidents, nous ne pouvons mieux faire que d'extraire les renseignements suivants d'un mémoire de M. Sartiaux, inséré dans les *Annales des Ponts et Chaussées*, septembre 1877. Il s'agit des transports des personnes en France.

Du temps des messageries, il y avait

1 voyageur tué sur 355,000 voyageurs transportés,
1 voyageur blessé sur 30,000 voyageurs transportés.

Du 7 septembre 1835 au 31 décembre 1875, il y a eu seulement :

1 voyageur tué sur 5,178,490 voyageurs transportés.
1 voyageur blessé sur 580,450 voyageurs transportés.

Ces nombres se décomposent comme il suit, quand on partage en deux périodes l'intervalle de 1835 à 1875, savoir, l'une du 17 septembre 1835 au 31 décembre 1854, l'autre du 1er janvier 1855 au 31 décembre 1875.

1. Signalons ici, pour mémoire, la formation en 1878 d'un *réseau des chemins de fer de l'État* ; il se compose d'un certain nombre de lignes exploitées, rachetées à des compagnies concessionnaires tombées dans des embarras financiers (Vendée, Charentes, etc.), et d'autres lignes en construction, réparties en divers points du territoire ; ces chemins ne constituent pas un réseau continu. Il est impossible de juger quant à présent cet essai d'exploitation par l'État.

Première période, du 17 septembre 1835 au 31 décembre 1854 :

1 voyageur tué sur 1,955,555 voyageurs transportés,
1 voyageur blessé sur 496,555 voyageurs transportés.

Deuxième période, du 1er janvier 1855 au 31 décembre 1875 :

1 voyageur tué sur 6,171,117 voyageurs transportés,
1 voyageur blessé sur 590,185 voyageurs transportés;

ce qui fait ressortir une amélioration considérable dans la sécurité des voyages.

Le progrès est encore plus frappant si l'on considère les dernières années, de 1872 à 1875, de la seconde période. Il y a eu en France

1 voyageur tué sur 45,258,270 voyageurs transportés,
1 voyageur blessé sur 1,024,360 voyageurs transportés.

Pendant les mêmes années, on compte en Angleterre

1 voyageur tué sur 12,000,000 voyageurs transportés,
1 voyageur blessé sur 336,000 voyageurs transportés,

et en Belgique

1 voyageur tué sur 20,000,000 voyageurs transportés,
1 voyageur blessé sur 3,500,000 voyageurs transportés.

M. Sartiaux résume comme il suit ces données statistiques. Un voyageur peut compter qu'il a une chance d'être tué s'il fait 45 millions de voyages, et une chance d'être blessé s'il en fait 1 million. Sous une forme plus saisissante encore, « une personne qui aurait voyagé continuellement en chemin de fer, pendant dix heures par jour, à la vitesse de 50 kilomètres à l'heure, en accomplissant des voyages d'une longueur moyenne de 30 kilomètres, aurait eu les chances suivantes d'être tuée :

De 1835 à 1855 une chance en 321 ans,
De 1855 à 1875 — 1,014
De 1872 à 1875 — 7,439

« On peut tirer de ces chiffres, dit M. Sartiaux, la conséquence, que la sécurité est infiniment plus grande sur les voies ferrées que par les anciens moyens de transports, et que le nombre des accidents sur les chemins de fer va tous les jours en diminuant, grâce aux progrès de la science et aux précautions de plus en plus grandes prises par les compagnies. »

Les chiffres suivants donneront une idée de l'extension successive des réseaux.

Belgique, au 31 décembre 1876 :

Chemins de fer exploités par l'État.	2,105 kil.
— par les compagnies. .	1,484
Total.	3,589 kil.

Angleterre, Écosse, Irlande, au 31 décembre 1876 :

Longueur totale exploitée.	27,147 kil.

Empire d'Allemagne en 1875 :

Chemins de fer d'État.	12,254 kil.
Chemins particuliers exploités par l'État.	2,911
Compagnies particulières.	11,676
Total.	26,841

Autriche-Hongrie en 1875 :

Longueur totale exploitée.	16,770 kil.

Hollande en 1876 :

Longueur exploitée par une compagnie fermière.	856 kil.
— par des compagnies concessionnaires	1,326
Total.	2,182

EXPLICATION

DES PLANCHES

PL. I. — VIADUC DE MORLAIX. *(Réseau de l'Ouest.)*

Ligne de Rennes à Brest. — Le viaduc de Morlaix franchit la vallée à 62^{m},16 au-dessus du fond du cours d'eau qui y coule, et à 56^{m},74 au-dessus des quais du port. La longueur totale de l'ouvrage est de 292^{m},02. Il comprend 2 étages de voûtes, savoir :

A l'étage inférieur, 9 arches en plein cintre de 13^{m},47 ;

A l'étage supérieur, 15 arches en plein cintre de 15^{m},50.

L'épaisseur des piles est de 4^{m},25 aux naissances ; celle des culées, de 5^{m},50 ; celle des piles-culées, qui sont au nombre de 3, est de 5 mètres.

Construit de 1863 à 1865 par MM. Planchat, ingénieur en chef des ponts et chaussées, et Fenoux, ingénieur ordinaire.

PL. II. — GARE DU CHEMIN DE FER DU NORD.

La nouvelle gare de Paris comprend, au centre, une halle couverte pour la réception et l'expédition des trains de voyageurs. Cette halle, d'une largeur de 70 mètres et d'une longeur de 180^{m},52, est soutenue par deux rangées de colonnes en fonte, écartées de 35 mètres, et est munie, à la partie supérieure, d'un lanterneau vitré pour l'échappement de la fumée des machines ; elle est flanquée de deux ailes de 40 mètres de largeur, et se termine sur la place de Roubaix par une façade monumentale d'un développement de 160^{m},90.

L'aile gauche renferme tous les services du départ des grandes lignes, salle des pas perdus, bureaux des billets, salle des bagages, consigne, cabinets d'aisance, service de la messagerie au départ, etc. . .

L'aile droite est réservée au service de l'arrivée des trains de grande ligne, salle d'attente et des bagages, salle de la douane, service de la messagerie à l'arrivée.

Dans la façade sont installés le service de la banlieue, avec ses salles des pas perdus, d'attente et des bagages, départ et arrivée ; les bureaux du chef de gare, des sous-chefs, des commissaires de surveillance, etc. . ., ainsi que le service des postes et du télégraphe.

Aux quatre angles s'élèvent des pavillons, dont trois avec étage, où sont installés les logements des chefs et sous-chefs, et de quelques autres agents.

Le corps central comporte également un étage, où sont installés les bureaux du contrôle des recettes.

La cour des départs, qui sépare l'aile gauche du bâtiment d'administration, est à découvert ; une marquise règne seulement sur le développement du trottoir qui longe la salle des pas perdus pour les grandes lignes.

La cour des arrivées, d'une superficie utile d'un demi-hectare, est couverte sur une étendue de 3500 mètres carrés par une halle vitrée, dont l'installation a été terminée en 1878 ; cette halle, formée de deux travées de 23 mètres sur 70 mètres de longueur, se relie au-dessus du trottoir qui longe la façade latérale du bâtiment à une marquise de 4^{m},40 de largeur, qui existait antérieurement à l'établissement de la halle.

Les travaux de construction de la nouvelle gare ont été commencés en janvier 1862.

Pendant la période d'exécution, le service a été assuré de la manière suivante :

1° On a construit le côté gauche de la gare et les trois quarts de la halle couverte, et on y a transféré, en avril 1864, le service qui jusqu'alors s'était fait dans l'ancienne gare ;

2° On a démoli cette ancienne gare, ce qui a permis de continuer la construction du côté droit, qui fut achevé vers la fin de 1864, époque à laquelle il a été pourvu à l'installation définitive des différents services.

Ces travaux ont été dirigés par MM. Couche et Boucher, ingénieurs en chef des ponts et chaussées, ainsi que par M. Hittorf, architecte, membre de l'Institut, M. Petiet étant ingénieur en chef de l'exploitation, du matériel et de la traction.

PL. III. — VIADUC DE POIX. *(Chemin de fer du Nord.)*

Construit sur la ligne d'Amiens à Rouen, à un kilomètre environ en aval de la station de Poix, ce viaduc franchit le vallon de Fay. En plan son tracé présente un polygone inscrit dans une courbe de 1000 mètres de rayon, sur un développement de 245^{m},10.

Il est composé de 4 séries de 3 arches en plein cintre, de 16^{m},50 de diamètre aux naissances, en tout 12 arches et 2 culées. La hauteur sous clef varie de 23^{m},53 à 29^{m},95.

Il est construit en maçonnerie de briques, sauf les cordons et les couronnements, qui sont en pierre de taille.

Les travaux ont été dirigés par M. Salle, ingénieur des ponts et chaussées.

PL. IV. — VIADUC DE CHAUMONT.

(Réseau de l'Est, ligne de Paris à Mulhouse.)

Cet ouvrage traverse la vallée de la Suize à l'aide de 3 étages de voûtes, savoir :

1er étage, 25 arches en arc de cercle, de 3^{m},167 de flèche, ayant une hauteur de 19^{m},85 au-dessus du fond de la vallée ; 2e étage, 49 arches en arc de cercle, de 3^{m},52 de flèche, à 15^{m},15 au-dessus du 1er étage ; 3e étage, 50 arches en plein cintre, à 15 mètres au-dessus du deuxième.

La hauteur totale de l'ouvrage au-dessus du fond de la vallée est ainsi de 50 mètres.

La longueur totale entre les culées est de 606 mètres; elle présente un débouché linéaire de 250 mètres pour le 1er étage, de 460 pour le 2e étage, de 500 pour le 3e.

Les arches ont des ouvertures de 9^{m},15 pour le 1er étage, de 9^{m}50 pour le 2e étage, de 9^{m},95 pour le 3e étage; les piles, au nombre de 49, comprennent 9 piles-culées, ayant à la base une épaisseur de 4^{m},30 et au sommet une épaisseur de 3^{m},60. Les autres piles ont une épaisseur de 2^{m},30 à la base, réduite à 1^{m},60 au sommet.

La longueur de l'ouvrage entre les têtes est de 8 mètres.

Il a été construit en 1856 et 1857 par MM. Zeiller, ingénieur en chef, et Decomble, ingénieur de la compagnie des chemins de l'Est.

PL. V. — VIADUC DE POMPADOUR. *(Réseau d'Orléans.)*

Construit en maçonnerie, de 1873 à 1875, sur le torrent Bouchat, ligne de Limoges à Brives, par MM. Morandière, directeur des travaux, Dupuy, ingénieur en chef, et Liebeaux, ingénieur ordinaire. Longueur totale, 285 mètres; 8 arches en plein cintre de 25 mètres d'ouverture; hauteur maxima, 55 mètres. Construit pour une voie, en pente de 0^{m},023. Moellons en granit, parement en grès. Cet ouvrage a été mis en service en décembre 1875.

PL. VI. — VIADUC DE VEYRIÈRE. *(Réseau d'Orléans.)*

En maçonnerie. Construit de 1866 à 1868 sur le ravin de Veyrière, ligne d'Arvant au Lot, section de Murat à Aurillac, par MM. Thirion, directeur des travaux, Nordling, ingénieur en chef, et Liebeaux, ingénieur. Longueur totale, 62^{m},30; 5 arches en plein cintre de 8 mètres d'ouverture; hauteur maxima, 22 mètres. Construit pour une voie, en courbe de 300 mètres de rayon et en pente de 0^{m},03. Mis en service en juillet 1868.

PL. VII. — VIADUC DE VIGNOLS. *(Réseau d'Orléans.)*

En maçonnerie. Construit de 1873 à 1875 sur le ravin de Vignols, ligne de Limoges à Brive, par MM. Morandière, Dupuy et Liebeaux. Longueur totale, 252 mètres; 10 arches en plein cintre de 20 mètres d'ouverture; hauteur maxima, 21 mètres. Construit pour une voie, en courbe de 500 mètres de rayon et en pente de 0^{m},023.

Moellons en schiste, parement en grès. La fondation des piles a présenté certaines difficultés à cause de la nature variable du terrain, composé de grès et d'argile. La fondation de l'une des deux piles a dû être descendue à 12 mètres de profondeur.

PL. VIII. — VIADUC DE PORT-LAUNAY OU DE GUILY-GLASS. *(Réseau d'Orléans.)*

En maçonnerie. Construit de 1864 à 1867 sur la rivière de l'Aulne, ligne de Châteaulin à Landerneau, par MM. Morandière, directeur des travaux, Croizette-Desnoyers, ingénieur en chef, et Arnoux, ingénieur. Longueur totale, 357 mètres; 12 arches en plein cintre de 22 mètres d'ouverture; hauteur maxima au-dessus des fondations, 54^{m},70; au-dessus de la vallée, 48^{m},40.

L'ouvrage est construit pour deux voies.

Moellons en roche amphibolique très dure, pierres de taille et parements en granit gris. Les fondations de trois piles en rivière ont présenté des difficultés spéciales, et ont été descendues jusqu'au rocher, au moyen de caissons en charpente, sans fond.

Mis en service en décembre 1867.

PL. IX ET X. — VIADUC DE MEIL-AR-GUIDY OU PONT DE BUIS. *(Réseau d'Orléans.)*

En maçonnerie. Construit de 1864 à 1867, par MM. Morandière, Croizette-Desnoyers et Arnoux, sur la rivière de la Donjine, ligne de Châteaulin à Landerneau. Longueur totale, 222 mètres; 9 arches en plein cintre de 18 mètres d'ouverture; hauteur maxima, 40 mètres.

PL. XI. — VIADUC DE LAPEYRIÈRE. *(Réseau d'Orléans.)*

En maçonnerie. Construit de 1868 à 1871 sur le ruisseau de Lapeyrière, ligne de Commentry à Gannat, par MM. Thirion, Nordling et Geoffroy. Longueur totale, 124^{m},80; 8 arches en plein cintre de 12 mètres d'ouverture; hauteur maxima, 33^{m},70. Le viaduc est construit à une voie. Il a été mis en service en juin 1871.

PL. XII ET XIII. — VIADUC DE LA SIOULE. *(Réseau d'Orléans.)*

Métallique. Construit de 1868 à 1871 sur la rivière de la Sioule, ligne de Commentry à Gannat, par MM. Thirion, Nordling, Delom et Geoffroy. Longueur totale, 180^{m},60; hauteur maxima, 58^{m},90; longueur du tablier (3 travées), 162 mètres. Le tablier repose sur deux piles métalliques; hauteur des poutres, 4^{m},54; largeur entre garde-corps, 4^{m},50; poids total, 436 tonnes; poids par mètre linéaire, 2690 kilogrammes. Le tablier, monté sur une des rives, a été avancé de travée en travée, et utilisé comme échafaudage pour le montage des piles. L'ouvrage a été livré à l'exploitation en juin 1871.

PL. XIV ET XV. — VIADUC DU BELLON. *(Réseau d'Orléans.)*

Métallique. Construit de 1868 à 1871 sur le ruisseau du Bellon, ligne de Commentry à Gannat, par MM. Thirion, Nordling, Delom et Geoffroy. Longueur totale, 231^{m},40; hauteur maxima, 48^{m},55; longueur du tablier (3 travées), 128 mètres. Le tablier repose sur 2 piles métalliques; hauteur des poutres, 4^{m},54; largeur entre garde-corps 4^{m},50; poids total du tablier, 194 tonnes; poids par mètre linéaire, 2203 kilogrammes. Livré à l'exploitation en juin 1871.

PL. XVI. — VIADUC DE LA BOUBLE. *(Réseau d'Orléans.)*

Métallique. Sur la rivière de la Bouble, ligne de Commentry à Gannat; construit de 1868 à 1871 par les mêmes ingénieurs que les deux ouvrages précédents. Longueur totale, 395 mètres; hauteur maxima, 66 mètres; longueur du tablier: 6 travées de 50 mètres, ou 300 mètres, reposant sur 5 piles métalliques ayant de 42^{m},50 à 57^{m},50 de hauteur; hauteur des poutres, 4^{m},54; largeur entre garde-corps, 4^{m},50; poids total du tablier, 105 tonnes; poids par mètre linéaire, 2350 kilogrammes.

PL. XVII. — VIADUC DE BUSSEAU D'AHUN. *(Réseau d'Orléans.)*

Métallique. Construit en 1863-1864, à la rencontre de la vallée de la Creuse avec la ligne de Montluçon à Limoges, par MM. Thirion, Nordling et Geoffroy.

Longueur totale du viaduc, 338^{m},70; hauteur des rails au-dessus de l'étiage, 56^{m},50; hauteur moyenne du viaduc, 35^{m},30. Le tablier a une longueur totale de 286^{m},50; il comprend 6 travées de 50 mètres, avec une hauteur de poutre de 5 mètres. Largeur entre garde-corps, 8 mètres.

Les piles sont métalliques, sur socle en maçonnerie. Les piles extrêmes ont une hauteur de 20^{m},20, avec une largeur de 2^{m},80 et une longueur de 8^{m},40 en bas; la pile centrale a une hauteur de 33^{m},90, avec largeur en bas de 3^{m},40 et longueur en bas de 10^{m},20. En haut, ces dimensions sont réduites pour toutes les piles à 2 mètres de largeur et 6 mètres de longueur, d'axe en axe des arbalétriers.

L'ouvrage a été livré à la circulation en 1864.

Ce viaduc repose sur des piles constituées par deux colonnes creuses en fonte, remplies de béton. Les culées sont fondées, celle de la rive gauche, sur caisson échoué sur pieux battus au refus, celle de la rive droite, sur pieux et grillages.

L'ouvrage comporte une passerelle de 2 mètres pour piétons, et est suivi d'un viaduc métallique de 129 mètres de longueur.

PL. XVIII. — PONT SUR LA VÉZÈRE. *(Réseau d'Orléans.)*

En maçonnerie. Construit de 1873 à 1875 sur la rivière de la Vézère, ligne de Limoges à Brive, par MM. Morandière, directeur, Dupuy, ingénieur en chef, et Liebeaux, ingénieur. Longueur totale, 67 mètres; 3 arches de 16 mètres d'ouverture, en arc de cercle surbaissé au huitième. Livré à l'exploitation en décembre 1875.

Pl. XIX et XX. — Pont du Scorff.
(Réseau d'Orléans.)

A Lorient, ligne de Nantes à Châteaulin. Cet ouvrage est un pont métallique, construit de 1860 à 1862, par MM. Morandière, directeur, Croizette-Desnoyers, ingénieur en chef, et Dubreil, ingénieur, et livré à l'exploitation en septembre 1862. Il a une longueur totale de 328 mètres, comprenant 3 travées métalliques, dont une de 64 mètres et deux de 52 mètres, et une série de 9 arches en maçonnerie, en plein cintre, de 10 mètres de portée chacune.

Les travées sont composées de poutres à treillis double ; hauteur des poutres, 6m,36; largeur du tablier, 8m,56; poids total des travées, 880 tonnes; poids par mètre linéaire, 4984 kilogrammes. Les deux piles en rivière ont été fondées à l'aide de l'air comprimé, à 15 mètres et 21 mètres au-dessous des hautes mers.

Pl. XXI. — Pont de Chalonnes. *(Réseau d'Orléans.)*

En maçonnerie. Sur la Loire, ligne d'Angers à Niort; construit de 1863 à 1866, par MM. Morandière, Croizette-Desnoyers, Moreau et Dubreil. Longueur totale, 601m,50; 17 arches elliptiques surbaissées au quart, de 30 mètres de portée. L'ouvrage est construit pour deux voies. Il a été fondé en partie sur le rocher, en partie sur béton immergé dans des enceintes de pieux jointifs. La profondeur des fondations varie de 4 mètres à 9m,25. Il a été mis en service en septembre 1866.

Pl. XXII. — Pont de Luzech. *(Réseau d'Orléans.)*

En maçonnerie. Sur le Lot, embranchement de Cahors; construit de 1868 à 1869, par MM. Thirion, Deglin et Lavoisot. Longueur totale, 137m,90; 4 arches en anse de panier, de 25 mètres d'ouverture. Fondé sur le rocher. Mis en service en décembre 1869.

Pl. XXIII. — Viaduc de l'Aiguille.
(Réseau d'Orléans.)

En maçonnerie. Sur la ligne d'Arvant au Lot, entre Murat et Vic-sur-Cère. Longueur, 115 mètres; hauteur maxima, 26 mètres; hauteur moyenne, 15 mètres.

Pl. XXIV. — Tunnel de Saint-Solve.
(Réseau d'Orléans.)

Construit pour deux voies, de 1873 à 1875, par MM. Morandière, Dupuy et Liebeaux, sur la ligne de Limoges à Brive, à la traversée du faîte de Vignols-Saint-Solve. Longueur totale, 212m,40, en pente de 0m,023; ouverture du plein cintre, 8m,12 ; hauteur sous-clef, 6 mètres ; épaisseur de la voûte, 0m,50; épaisseur des pieds-droits, 1m,944. Ce tunnel traverse des terrains peu stables, appartenant aux grès infraliasiques, qui ont présenté des difficultés exceptionnelles. L'épaisseur de la voûte a dû être portée à 1 mètre vers la tête du côté de Limoges; de plus on l'a consolidée avec des contreforts.

L'ouvrage a été livré à la circulation des trains en décembre 1875.

Pl. XXV. — Tunnel de Fraisse-Haut.
(Réseau d'Orléans.)

De forme ovoïde. Construit de 1866 à 1868, par MM. Thirion, Nordling et Dominois, sur la ligne d'Arvant au Lot, section de Murat à Aurillac, pour percer un contrefort de nature volcanique qui domine la rive droite de l'Alagnon. Il est établi pour une voie. Longueur, 52m,53; hauteur sous-clef, 5m,50; largeur maxima, 5 mètres; largeur minima, 4m,32. Livré à l'exploitation en juillet 1868.

Pl. XXVI et XXVII. — Gare du chemin de fer d'Orléans a Paris. *(Réseau d'Orléans.)*

Reconstruite de 1865 à 1867, par MM. Sevène, ingénieur en chef, et Renaud, architecte.

La gare comprend le bâtiment de départ, placé sur le quai d'Austerlitz, le bâtiment d'arrivée, du côté opposé, et le bâtiment d'administration, ayant sa façade principale sur la place Walhubert et ses ailes reliant les bâtiments de départ et d'arrivée. Entre ces deux derniers bâtiments règne une grande halle recouvrant les voies : elle se développe sur 280 mètres de longueur, et a une portée de 52 mètres sans appuis intermédiaires.

Pl. XXVIII. — Gare de Murat. *(Réseau d'Orléans.)*

Sur la ligne d'Arvant au Lot. Construite de 1865 à 1866, par MM. Thirion, Nordling et Dominois.

Cette station, qui n'a rien de spécial, donne une idée des types de station sur la ligne du Cantal. Elle a été construite en granit avec crépi moucheté.

Pl. XXIX. — Gare de Sainte-Anne-d'Auray.
(Réseau d'Orléans.)

Ligne de Nantes à Châteaulin. Construite en briques de couleurs, formant mosaïque. Elle est surmontée de la statue de sainte Anne. La station est fréquentée chaque année par un grand nombre de pèlerins. Elle a été élevée par MM. Morandière, Croizette-Desnoyers et Sevène.

Pl. XXX. — Gare de Lorient. *(Réseau d'Orléans.)*

Ligne de Nantes à Châteaulin. Construite de 1861 à 1862, par MM. Morandière, Croizette-Desnoyers et Dubreil, dans la zone militaire de la place de Lorient. Les murs sont en brique et bois.

Pl. XXXI. — Vue de Castelfranc (Lot).
(Réseau d'Orléans.)

Cette vue représente un point de la ligne de Cahors à Libos : à droite, une partie du village de Castelfranc; à gauche, un pont suspendu sur le Lot. Le chemin de fer suit la vallée de cette rivière.

Pl. XXXII. — Pont sur la Chiffa.
(Ligne d'Alger à Oran.)

En fonte. Construit de 1868 à 1869, par MM. Ruelle, directeur, Arnaud, ingénieur en chef, Demoly, ingénieur ordinaire.

Ce pont se compose de 4 arches surbaissées de 47m,15 d'ouverture chacune; sa longueur totale est de 200 mètres entre les culées; hauteur de l'intrados au-dessus des plus hautes eaux, 5m,60.

L'ouvrage a été exécuté pour une voie et fondé sur béton. Il a été mis en service le 6 juillet 1869.

Pl. XXXIII. — Viaduc de la Selle.
(Chemin de fer de Lyon.)

En maçonnerie. Construit de 1873 à 1874, par MM. Ruelle, Tassy et Jaubert, sur le ravin de la Selle, ligne de Grenoble à Gap (réseau de la Méditerranée). Cet ouvrage, construit pour une voie, en courbe de 350 mètres de rayon et en pente de 0m,025, comprend 9 voûtes en plein cintre de 16 mètres d'ouverture. Les 5 piles centrales sont en outre reliées dans le bas par d'autres voûtes en plein cintre, sur lesquelles est établie une banquette pavée à 33 mètres au-dessous des rails. Des passages cintrés de 0m,80 d'ouverture et de 2m,55 de hauteur sous clef, ont été percés à travers les piliers, au niveau de cette banquette; longueur de l'ouvrage, 204 mètres; hauteur au-dessus du lit du torrent, 53 mètres. Cote moyenne des rails, 865m,43. L'ouvrage a été mis en service le 1er février 1875.

Pl. XXXIV. — Viaduc sur le Drac.
(Chemin de fer de Lyon.)

Métallique. Construit de 1874 à 1876, par MM. Ruelle, Tassy et Deffosse, sur le Drac, ligne de Grenoble à Gap.

Ce viaduc est à une voie : il comprend trois travées, dont deux travées de rive de 36 mètres de portée et une travée centrale de 42 mètres d'ouverture; longueur totale, 122 mètres; hauteur des poutres en treillis, 4 mètres; espacement des poutres d'axe en axe, 3m,45; hauteur comprise entre le dessous des poutres et les plus hautes eaux, 8m,70. Les piles et la partie antérieure des culées ont été fondées sur le gravier, à 8 mètres au-dessous de l'étiage, par le procédé de l'air comprimé. Mis en service le 11 décembre 1876.

PL. XXXV. — VIADUC DE SAINT-MICHEL-LES-PORTES. *(Chemin de fer de Lyon.)*

En maçonnerie. Construit de 1875 à 1877, par MM. Ruelle, Tassy et Deffosse, sur le ravin de Saint-Michel-les-Portes, ligne de Grenoble à Gap; 9 arches en plein cintre, de 15 mètres d'ouverture; longueur totale, 198 mètres; hauteur au-dessus du lit du ravin, 45 mètres. Construit pour une voie en palier, dans une courbe de 250 mètres de rayon, et fondé sur le rocher schisteux, à des profondeurs qui atteignent 18 mètres au-dessous du sol naturel. Mis en service le 29 juillet 1878. Cote des rails, 793m,10.

PL. XXXVI. — VIADUC DE LYON SUR LE RHONE. *(Chemin de fer de Lyon à la Méditerranée.)*

En fonte. Construit de 1854 à 1856, pour la ligne de Lyon à Tarascon, par MM. Thirion, ingénieur en chef, et Du Houx, ingénieur ordinaire. L'ouvrage a deux voies. Il comprend 5 arches en fonte, de 40 mètres de portée, et 6 arches en maçonnerie, en plein cintre. La longueur entre culées est de 278 mètres; le débouché total linéaire est de 242 mètres. Fondations sur béton.

PL. XXXVII. — VIADUC DE TARASCON. *(Chemin de fer de Lyon.)*

En fonte. Construit sur le Rhône, de 1851 à 1852, par MM. Talabot, ingénieur en chef, et Desplaces, ingénieur des ponts et chaussées, pour l'embranchement de Nîmes, sur la ligne d'Avignon à Marseille.

Le viaduc de Tarascon se compose de 7 arches en fonte, en arc de cercle de 60 mètres de portée et de 5 mètres de flèche. Chaque arc est formé de 17 voussoirs. Chaque travée renferme 8 arcs pour soutenir le tablier du pont, qui est établi pour deux voies. Les piles ont 21 mètres de longueur et 9 mètres d'épaisseur.

Les fondations ont été difficiles, à cause de la nature affouillable du lit du Rhône. On a employé un pilon à vapeur pour le battage des pieux.

PL. XXXVIII. — TUNNEL DE LA NERTHE. *(Chemin de fer de Lyon.)*

Construit de 1844 à 1847 aux abords de Marseille, sur la ligne d'Avignon, par MM. Talabot et Gaduel. Longueur totale, 4638m,86; largeur, 8 mètres; hauteur, 7m,50.

PL. XXXIX. — PONT DE CULOZ. *(Chemin de fer de Lyon.)*

Sur le Rhône, pour un embranchement de la ligne de Lyon à Genève. Construit en 1857-1858; 5 arches de 40 mètres; débouché linéaire total, 200 mètres; épaisseur des piles, 2m,50. Hauteur au-dessus de l'étiage, 8 mètres; hauteur au-dessus des plus hautes eaux, 6m,27.

Les piles sont formées de tubes en fonte remplis de béton, et enfoncées de 10m à 11m,20 au-dessous de l'étiage du Rhône. Les culées sont fondées sur béton.

PL. XL. — PONT SUR LA GARONNE. *(Réseau du Midi.)*

A Bordeaux, pour le raccordement des gares des chemins du Midi et du réseau d'Orléans : pont métallique, construit de 1858 à 1860, livré à l'exploitation en août 1860, par MM. Bommart et Surell, ingénieurs en chef, et de la Roche-Tollay et Regnauld, ingénieurs. Longueur entre les culées, 500 mètres; 2 travées de rive de 57m,36; 5 travées centrales de 77m,06; hauteur des poutres, 6m,25; largeur libre entre les faces intérieures des poutres, 7m,62.

PL. XLI. — PONT DE L'ORB. *(Chemin de fer du Midi.)*

A Béziers, ligne de Bordeaux à Cette. Pont biais en maçonnerie, construit en 1853 et 1854, par MM. Bommart, ingénieur en chef, et Simon, ingénieur ordinaire; angle du biais, 57° 12' 30". Longueur, 162m,91; largeur entre garde-corps, 8m,25; hauteur sous clef au-dessus de l'étiage, 7m,50. 7 arches, dont 5 en rivière et 2 arches de secours. Ouverture des arches en rivière, 20 mètres suivant le plan des têtes, 16m,823 suivant la direction normale aux piles et culées; ouverture des arches de secours, 6 mètres suivant le plan des têtes, 5m,044 suivant la direction normale aux piles.

L'appareil des voûtes est hélicoïdal parallèle.

Le pont est fondé sur un massif de béton, coulé sur le gravier dans des coffrages établis avec pieux et vannages. Il a été livré au service le 2 avril 1857.

PL. XLII. — PONT DE LANGON. *(Chemin de fer du Midi.)*

Sur la Garonne, ligne de Bordeaux à Cette. Pont métallique de 3 travées, et viaduc à la suite, établis pour 2 voies; construits de 1854 à 1855, par MM. Saige, ingénieur en chef, et de la Roche-Tolay, ingénieur ordinaire. Longueur totale du pont métallique, non compris les culées, 131m,14; longueur totale du pont métallique, y compris les culées, 211m,71; largeur entre les poutres métalliques, 7m,40; hauteur comprise entre le dessous des poutres et l'étiage, 13m,75; portée des travées de rive, 64m,87; portée de la travée centrale, 77m,40.

Le viaduc qui accompagne le pont métallique sur la rive droite de la Garonne est un ouvrage en maçonnerie, comprenant 32 arches de 14 mètres d'ouverture dans le champ d'inondation. Il est établi sur une courbe de 1500 mètres de rayon. Longueur, 531m,50; largeur, 8 mètres; hauteur moyenne sous clef, 9m,747.

La partie métallique comprend deux grandes poutres en tôle de 5m,50 de hauteur, reliées entre elles par des pièces de pont qui sont soutenues, à leur tour, par des contre-fiches et des croix de Saint-André. Le plancher, situé à 2m,17 au-dessous du haut des poutres, repose sur des longerons et des contre-ventements qui sont fixés aux pièces de pont.

L'assemblage, la rivure et la pose ont été effectués à l'aide d'un pont de service en charpente.

L'ouvrage a été mis en service le 4 décembre 1855.

PL. XLIII. — VIADUC DE LANESPÈDE. *(Chemin de fer du Midi.)*

En maçonnerie. Construit pour deux voies sur la vallée de la Leune, ligne de Toulouse à Bayonne, par MM. Frécot et Bœswilwald, et mis en service le 20 juin 1867. Longueur, 377m,23; largeur, 8m,10; hauteur sous chef au-dessus du fond de la vallée, 29m,20; arches de 14m,80.

L'ouvrage est établi en courbe et contre-courbe de 700 mètres de rayon, reliées par un alignement droit de 100 mètres de longueur. Il est en pente de 0m,032.

PL. XLIV. — PONT DE BERDOULET. *(Chemin de fer du Midi.)*

En maçonnerie. Sur l'Ariège, ligne de Toulouse à Foix. Construit pour deux voies en 1861, par MM. Saige et Laffon; livré à l'exploitation le 7 avril 1862. Arche unique de 40 mètres. Longueur de l'ouvrage, 72m,20; largeur, 8 mètres; hauteur sous-clef au-dessus de l'étiage, 11m,82.

Une voûte de 11m,60 d'ouverture est ménagée dans le tympan de chaque culée.

PL. XLV. — VIADUC DE BÉDARIEUX. *(Chemin de fer du Midi.)*

En maçonnerie. Construit de 1854 à 1857 sur la rivière de l'Orb, ligne de Béziers à Estrechoux, par MM. Bonnet et Kauffmann. Longueur, 713 mètres; largeur entre parapets, 4m,05; hauteur entre la clef de l'arche du milieu et l'étiage, 20m,50. L'ouvrage, établi pour une voie, a 37 arches, dont 35 de 15 mètres d'ouverture et 2 de 16m,50 sur les rives. Sur la rive droite, chaque groupe de 6 arches comprend 2 piles-culées avec contrefort aux extrémités, une pile à contrefort dans le milieu et des piles courantes intermédiaires. Dans le lit de la rivière, un groupe de 5 arches se trouve compris entre piles-culées à contrefort. Enfin, sur la rive gauche, un groupe de 8 arches est compris entre piles-culées à contrefort, avec pile intermédiaire à contre-fort. L'ouvrage a été livré à la circulation en septembre 1858.

Pl. XLVI. — Pont de l'Aude. *(Chemin de fer du Midi.)*

En maçonnerie. Construit de 1854 à 1856, par MM. Alby et Endrès, à Carcassonne, sur la ligne de Bordeaux à Cette.

Ce pont a un biais de 65°. Il est établi pour deux voies. Longueur, 148^{m},40; largeur, 8 mètres; hauteur sous clef au-dessus de l'étiage, 9^{m},40. 7 arches, dont 5 en rivière, de 18 mètres de portée dans le plan des têtes, et 1 sur chaque rive, de 6 mètres de portée dans le même plan. Ces portées sont réduites à 16^{m},30 et à 5^{m},40 normalement aux piles.

L'ouvrage a été mis en service le 2 avril 1857.

Pl. XLVII. — Viaduc de l'Osse.
(Chemin de fer du Midi.)

Métallique. Construit pour une voie de 1867 à 1869, par MM. Regnault et Boutillier, sur la vallée de l'Osse, ligne d'Agen à Tarbes. Longueur, 249^{m},60; largeur, 4^{m},50; hauteur sous poutre au-dessus de la vallée, 21^{m},86. 7 travées, dont 5 centrales de 78^{m},40 et 2 travées de rive de 28^{m},80.

Cet ouvrage, livré à la circulation le 2 décembre 1869, est établi en alignement droit avec pente de 0^{m},025. Il repose sur des piles tubulaires en fonte, remplies de béton, et s'enfonçant à une profondeur de 8 mètres au-dessous du sol.

Pl. XLVIII. — Viaduc de l'Usclade.
(Chemin de fer du Midi.)

Métallique. Construit de 1870 à 1874, sur la vallée de l'Usclade, ligne de Montpellier à Rodez, par MM. Chauvisé et Lanteirès. Il est établi pour une voie, sur piles en maçonnerie en pente de 0^{m},033. Il a été mis en service le 20 octobre 1874. Longueur, 23^{m},48; largeur, 4^{m},50; hauteur sous poutres au-dessus du fond de la vallée, 33^{m},00.

Pl. XLIX. — Pont sur la Bidassoa.
(Chemin de fer du Midi.)

En maçonnerie. Construit de 1862 à 1864, par MM. Chauvisé et Wolf, sur la rivière qui forme la frontière entre la France et l'Espagne, ligne de Bayonne à Irun. Livré à l'exploitation en avril 1864.

L'ouvrage est à deux voies. Longueur totale, 136^{m},13; largeur, 8 mètres; hauteur sous clef au-dessus de l'étiage, 6^{m},60. 5 arches en anse de panier de 22^{m},67.

Le pont est en alignement droit et en palier; il est fondé sur une couche de béton, dans une enceinte de pieux et palplanches.

Pl. L. — Vallée du Gave de Pau.
(Réseau du Midi.)

Ligne de Lourdes à Pierrefitte. Un double mur soutient, d'une part, le terrain naturel, les éboulis anciens ou modernes et le pied du remblai de la route nationale n° 21, et, d'autre part, les remblais de la plate-forme, couronnée d'un garde-corps en fer, avec évitements ou garages pour les agents de la voie. La plate-forme du chemin est établie pour une voie seulement. L'axe du chemin de fer présente dans cette gorge une courbe de 400 mètres de rayon. La construction a été faite de 1869 à 1871, et la voie a été mise en service le 26 juin 1871. Ces travaux sont l'œuvre de MM. Michelier, ingénieur en chef, et d'Ussel, ingénieur ordinaire.

TABLE DES MATIÈRES

ET DES 50 PLANCHES

CHAPITRE VI.

DES CHEMINS DE FER AU POINT DE VUE LÉGISLATIF ET FINANCIER.

CHAPITRE VII.

DES CHEMINS DE FER DANS CERTAINES CIRCONSTANCES SPÉCIALES.

CHAPITRE VIII.

STATISTIQUE.

EXPLICATION DES 50 PLANCHES.

FIN DE LA TABLE DES MATIÈRES.

PARIS. — Impr. J. CLAYE. — A. QUANTIN et Cie, rue St-Benoît.

LES TRAVAUX PUBLICS DE LA FRANCE

VIADUC DE MORLAIX

CHEMIN DE FER DU NORD · GARE DE PARIS

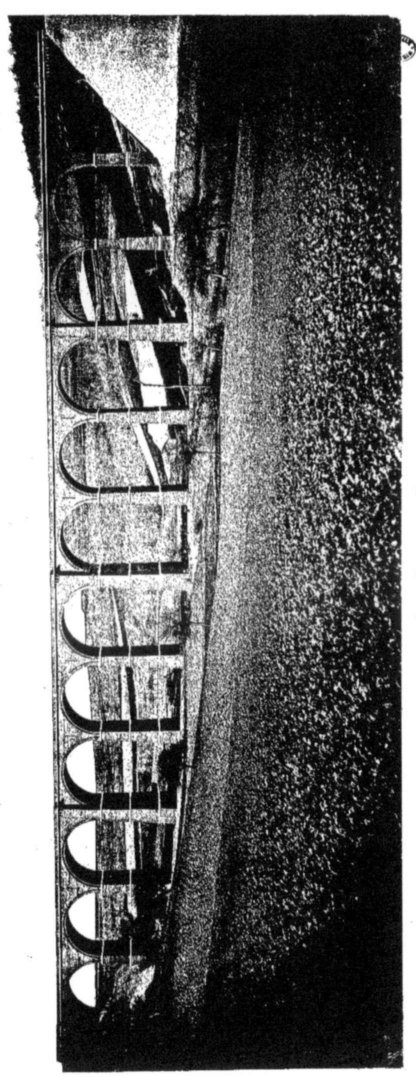

LES TRAVAUX PUBLICS DE LA FRANCE

VIADUC DE CHAUMONT

J. ROTHSCHILD, ÉDITEUR, PARIS

51 • ARCHE DU VIADUC DE POMPADOUR

J. ROTHSCHILD, ÉDITEUR, PARIS

VIADUC DE VERRIÈRES

ARCHE DU VIADUC DE VIGNOLS

VIADUC DE PORT LAUNAY

J. ROTHSCHILD, ÉDITEUR, PARIS

VIADUC DE MEIL-AR-GUIDY

VIADUC DE PONT DE BUIS

J. ROTHSCHILD, ÉDITEUR, PARIS
Tous droits réservés

PONT DE LAPEYRIÈRE

LES TRAVAUX PUBLICS DE LA FRANCE

VIADUC DE LA SIOULE

VIADUC DE LA SIOULE

VIADUC DU BELLON

J. ROTHSCHILD, ÉDITEUR, PARIS

VIADUC DU BELLON

VIADUC DE LA BOUBLE

VIADUC DE BUSSEAU D'AHUN

PONT SUR LA VEYSERE

VIADUC DE LORIENT

J. ROTHSCHILD, ÉDITEUR, PARIS
Tous droits réservés

VIADUC DE LORIENT

J. ROTHSCHILD ÉDITEUR PARIS

PONT DE CHALONNES

22

PONT DE LUZECH

GRANDE ARCHE DU PONT DE LA GOUTTE

SOUTERRAIN DE St SOLVE

J. ROTHSCHILD, ÉDITEUR, PARIS

TUNNEL DE FRAISSE-HAUT

CHEMIN DE FER D'ORLÉANS • GARE DE PARIS

LES TRAVAUX PUBLICS DE LA FRANCE

CHEMIN DE FER D'ORLÉANS — GARE DE PARIS

9 — GARE DE MURAT

LES TRAVAUX PUBLICS DE LA FRANCE

GARE DE S^TE ANNE D'AURAY

GARE DE LORIENT

VUE DE CASTELFRANC

PONT SUR LA CIFFA

VIADUC SUR LE RAVIN DE LA SELLE

VIADUC SUR LE DRAC

VIADUC SUR LE RAVIN DE St MICHEL-LES-PORTES

J. ROTHSCHILD, ÉDITEUR, PARIS

VIADUC DE LA GUILLOTIÈRE A LYON

J. Rothschild, Éditeur, Paris

PONT DU CHEMIN DE FER A TARASCON

LES TRAVAUX PUBLICS DE LA FRANCE

TUNNEL DE LA NERTHE

PONT SUR LE RHÔNE A CULOZ

PONT DE CHEMIN DE FER A BORDEAUX

PONT SUR L'ORB A BEZIERS

PONT DE LANGON

VIADUC DE LANESPÈDE

PONT DE BERDOULET

VIADUC SUR L'ORB À BÉDARIEUX

PONT SUR L'AUDE À CARCASSONNE

VIADUC DE L'OSSE

VIADUC DE [illegible]

PONT SUR LA BIDASSOA

GORGES DU GAVE DE PAU, À LOURDES

www.ingramcontent.com/pod-product-compliance
Ingram Content Group UK Ltd.
Pitfield, Milton Keynes, MK11 3LW, UK
UKHW022103190726
13855UKWH00002B/613

9 782013 052634